handball-uebungen.de
Trainingseinheiten und Übungen für Ihr Training!

Vorwort

Der Wurf ist ein zentraler Baustein des Handballspiels, der durch regelmäßiges Training immer wieder erprobt und verbessert werden muss. Deshalb ist es immer wieder sinnvoll, Wurfserien im Training durchzuführen. Die vorliegende Übungssammlung bietet 60 verständliche, leicht nachzuvollziehende praktische Übungen zu diesem Thema, die in jedes Training integriert werden können.

Die Übungen sind in die folgenden sechs Kategorien und drei Schwierigkeitsstufen (einfach, mittel, schwer) unterteilt:
- Technik
- Wurfübungen auf feste Ziele
- Wurfserien mit Torwurf
- Positionsspezifisches Wurftraining
- Komplexe Wurfserien
- Wurfwettkämpfe

I0220745

Mit diesen Ideen lässt sich das Training des Wurfs für jede Altersstufe abwechslungsreich und immer wieder neu gestalten. Zusätzliche Hinweise und Variationsmöglichkeiten sollen Anregungen geben, die Übungen noch weiter zu modifizieren und an das Leistungsvermögen der eigenen Spieler anzupassen.

Beispielgrafik:

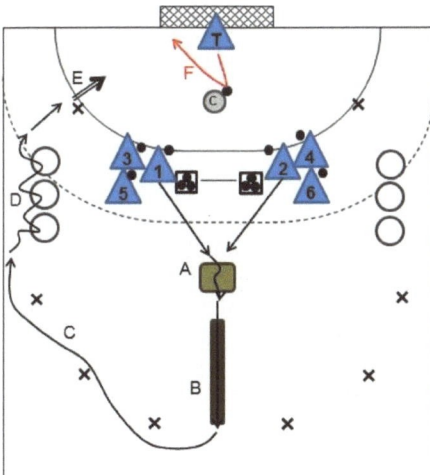

1. Auflage (04.11.2015)
Verlag: DV Concept
Autoren: Jörg Madinger, Elke Lackner
ISBN: 978-3-95641-163-2

Nachdruck, fotomechanische Vervielfältigung jeder Art, Einspeicherung bzw. Verarbeitung in elektronischen Systemen bedarf des schriftlichen Einverständnisses des Autors.

Inhalt:

Nr.	Name	Anzahl	Schwierigkeit	Seite
Kategorie: Positionsspezifisches Wurftraining				
25	Würfe auf den einzelnen Positionen 1	3	⭐	33
26	Wurfserie von den Positionen mit koordinativer Laufübung	3	⭐	35
27	Wurfserie für die Außenspieler mit Vorbelastung	8	⭐	36
28	Wurfserie für Rückraumspieler	3	⭐	37
29	Wurfserie für RM	6	⭐	38
30	Wurfserie für den Kreisläufer	5	⭐	39
31	Wurfserie für Außenspieler 2	6	⭐⭐	40
32	Wurfserie für RL und RR mit Belastung	9	⭐⭐	41
33	Wurfserie im Rückraum mit Laufbewegung ohne Ball	8	⭐⭐	42
34	Wurfserie für den Kreisläufer 2	6	⭐⭐	43
35	Wurfserie mit Blockspieler aus dem Rückraum	6	⭐⭐	44
36	Wurfserie mit Wurfentscheidung auf der Halb- und Außenposition	8	⭐⭐	45
37	Positionsspezifische Würfe als Stationstraining	8	⭐⭐	47
38	Wurfserie für den Rückraum mit kreuzen 1	10	⭐⭐	48
39	Wurfserie für den Rückraum mit kreuzen 2	7	⭐⭐	49
40	Wurfserie für Außen mit Kreuzen im Rückraum	8	⭐⭐	50
Kategorie: Komplexe Wurfserien				
41	Wurfserie mit Vorübung	3	⭐⭐	51
42	Eine Auftakthandlung als Wurfserien von verschiedenen Positionen	10	⭐⭐	52
43	Würfe von allen Positionen mit Abwehr	12	⭐⭐	54
44	Würfe mit anschließendem Gegenstoß 1gg1	8	⭐⭐	56
45	Zwei Würfe über den Block mit anschließendem Gegenstoß	10	⭐⭐	57
46	Würfe in der ersten Welle mit Vorübung	5	⭐⭐	58
47	Wurfserie mit offenen Situationen	9	⭐⭐⭐	59
48	Wurfserie mit Koordination und Pässen	8	⭐⭐⭐	60
49	Wurfserie mit Athletik und Abwehr	9	⭐⭐⭐	61
50	Wurfserie 4mal 1gg1	10	⭐⭐⭐	62

Nr.	Name	Anzahl	Schwierigkeit	Seite
Kategorie: Wurfwettkämpfe				
51	Wurfwettkampf mit Memory	9	⭐	63
52	Wurfwettkampf auf Medizinbälle	6	⭐	64
53	Wurf-Würfel-Wettkampf	7	⭐	65
54	Wurfwettkampf mit Zeitvorgabe durch die andere Gruppe 1	9	⭐	66
55	Wurfwettkampf mit Zeitvorgabe durch die andere Gruppe 2	9	⭐⭐	67
56	Würfe auf feste Ziele gegen Torwürfe	9	⭐⭐	68
57	Wurf-Biathlon	10	⭐⭐	70
58	Gegenstoß-Wurfwettkampf	8	⭐⭐	71
59	Wurfwettkampf mit Ausdauerschwerpunkt	8	⭐⭐⭐	72
60	Sprint-Wurf-Würfelstaffel	12	⭐⭐⭐	73

Anmerkung des Autors

Weitere Fachbücher des Verlags DV Concept

Legende:

Übungsnummer   Übungsname   Min. Spieleranzahl

Nr. 3	Medizinbälle abwerfen	8	☆
Benötigt:	4 kleine Turnkisten, 4 Medizinbälle, 8 Hütchen, ausreichend Bälle		

Schwierigkeitsgrad

Einfach: ☆
Mittel: ☆☆
Schwer: ☆☆☆

✖ Hütchen

Ballkiste

dünne Turnmatte

großer Turnkasten

kleine Turnkiste

kleine umgedrehte Turnkiste

◯ Turnreifen

Turnbank

Koordinationsleiter

Würfel

● • Medizinball / Tennisball

⊥ Fahnenstange

Hürde

Weichbodenmatte

Kategorie: Technik

Nr. 1	Handgelenkstechnik	2	⭐
Benötigt:	Je Spieler einen Ball		

Aufbau:
- Jeweils zwei Spieler mit je einem Ball stellen sich mit ca. 4-5 Meter Abstand gegenüber auf
- Beide Spieler führen den Ablauf parallel aus

(Bild 1)

Vorbereitung:
- Die Spieler sollen vor Beginn der Übung ihre Handgelenke ein paar Mal in der Rotation (links- und rechtsherum drehen) und in der Klappbewegung nach vorne und hinten bewegen und danach etwas dehnen

(Bild 2)

Ablauf 1:
- Die Spieler halten den Arm im 90° Winkel zur Seite und klappen das Handgelenk maximal nach hinten (Bild 1) und passen den Ball nur mit der Bewegung des Handgelenks zum anderen Spieler (Bild 2)
- Nach 20-30 Pässen wird die Wurfhand gewechselt

⚠ Die Pässe sollen so gespielt werden, dass der Mitspieler sie auf Brusthöhe fangen kann

Ablauf 2:
- Die Spieler heben den Arm gerade nach oben, klappen das Handgelenk nach hinten auf (Bild 3) und passen den Ball nur mit der Bewegung des Handgelenks zum anderen Spieler. Das Handgelenk soll dabei maximal von hinten (Bild 3) nach vorne geklappt werden (Bild 4)

(Bild 3)

(Bild 4)

Ablauf 3:

- Die Spieler halten den Arm seitlich nach unten, klappen das Handgelenk maximal nach hinten (Bild 5) und passen den Ball nur mit der Bewegung des Handgelenks zum anderen Spieler (Bild 6)

(Bild 5)   (Bild 6)

⚠️ Die Passbewegung soll bei allen drei Positionen des Arms jeweils nur aus dem Handgelenk erfolgen, der Arm soll unbewegt in der Position bleiben

Nr. 2	Pass- und Wurftechnik	2	⭐
Benötigt:	Je zwei Spieler einen Ball, 6 Hütchen, Turnkasten, Turnbank, 3 medizinbälle		

Aufbau Ablauf 1:

- Jeweils zwei Spieler stellen sich mit Ball gegenüber auf

Ablauf 1:

- Die Spieler passen sich fortlaufend den Ball in der Bewegung zu (A und B)

Variation:

- Die Spieler laufen leicht im Bogen nach links (rechts) an (C) und passen danach den Ball zum Mitspieler (D)

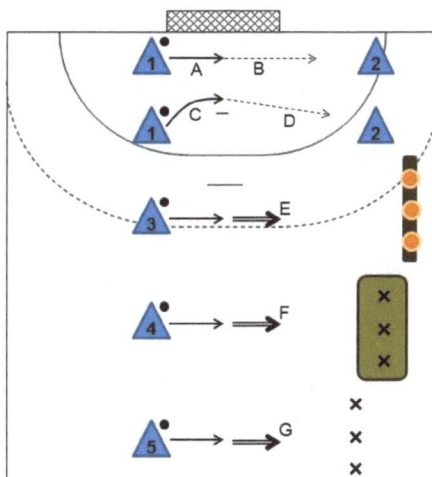

⚠️ Darauf achten, dass beim Pass die Fußspitze Richtung Mitspieler zeigt

Ablauf 2:

- Die Spieler werfen auf Medizinbälle, die sich auf einer Turnbank befinden (E)

Ablauf 3:

- Die Spieler werfen auf Hütchen, die sich auf einem hohen Turnkasten befinden (F)

Ablauf 4:

- Die Spieler werfen auf Hütchen, die auf dem Boden stehen (G)

Dabei auf folgende Punkte achten:

⚠ Der Rechtshänder läuft an und stemmt innerhalb von drei Schritten mit seinem linken Fuß ein, dabei zeigt die Fußspitze Richtung Mitspieler (Wurfziel) (Bild 1). Bei Linkshändern anders herum

⚠ Hüfte und Oberkörper werden nach hinten aufgedreht. Der Oberarm und der Ellenbogen müssen sich auf einer Linie mit der Schulter befinden. (Bild 1)

(Bild 1)   (Bild 2)

⚠ In der Anlaufbewegung bleibt der Ellenbogen oben. Die Hüfte und der Oberkörper rotieren nach vorne (Bild 2)

⚠ Der hintere Fuß wird mit nach vorne genommen und der Arm rotiert ebenfalls nach vorne (der Ellenbogen bleibt dabei oben), so dass ein gleichmäßiger Ablauf der Rotationen (Hüfte, Oberkörper und Arm) entsteht. (Bild 3)

⚠ Der hintere Fuß läuft nach vorne, der Arm wird nach vorne geschwungen und am Ende wird der Ball durch das Nachklappen des Handgelenks zum Mitspieler (auf das Wurfziel) geworfen (Bild 4)

(Bild 3)   (Bild 4)

Kategorie: Wurfübungen auf feste Ziele

Nr. 3	Medizinbälle abwerfen	8	☆
Benötigt:	4 kleine Turnkisten, 4 Medizinbälle, 8 Hütchen, ausreichend Bälle		

Aufbau:

- Die Spieler gehen zu zweit zusammen, für jedes 2er-Team wird eine kleine Turnkiste mit einem Medizinball darauf als Ziel aufgestellt, zwei Hütchen markieren die Wurfentfernung

Ablauf 1:

- 1 startet als Werfer, 2 als Zuspieler

- 2 passt 1 insgesamt dreimal einen Ball (A)

- 1 holt aus, kontrolliert dabei die Ausholbewegung und wirft (B).

- Dabei versucht 1, den Medizinball zu treffen
- Nach drei Würfen wechseln die Aufgaben
- Die weiteren Gruppen führen den Ablauf gleichzeitig aus
- Der Ablauf wiederholt sich viermal, sodass jeder Werfer 12 Würfe absolviert

Ablauf 2:

- Der Grundablauf aus Ablauf 1 bleibt erhalten
- Die Werfer werfen jetzt bei den drei Würfen einmal frontal von der Mitte (B), einmal vor dem linken Hütchen und einmal vor dem rechten Hütchen (C), so dass sich der Winkel zum Ziel ändert

⚠ Auf die korrekte Wurfausführung achten, (Ausholbewegung nach hinten oben, Ellbogen auf Kopf-/Schulterhöhe, Körperdrehung, Blick zum Ziel, Fußspitze zeigt in Richtung des Wurfes)

Nr. 4	Wurfparcours auf verschiedene Ziele	8	★
Benötigt:	2 kleine Turnkisten, 1 großer Turnkasten, 1 Turnbank, 1 Weichbodenmatte, Tape, 9 Hütchen, jeder Spieler einen Ball		

Gesamtablauf:

- Ein Parcours aus mehreren Stationen wird insgesamt zweimal durchlaufen
- Die Spieler absolvieren in Gruppen die Stationen (max. vier Spieler pro Gruppe)
- Nach einer bestimmten Zeit werden auf Signal die Stationen zügig gewechselt

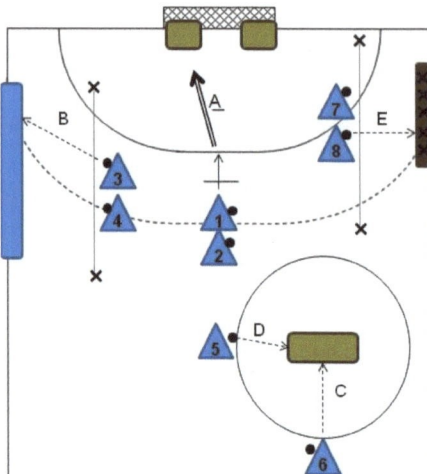

Station 1:

- In ein Tor werden zwei kleine Turnkisten als Ziele gestellt und Trefferflächen in den oberen Ecke durch Seile oder Reifen markiert
- Die Spieler laufen an, werfen und versuchen, eines der vier Ziele im Tor zu treffen (A)

Station 2:

- Es wird eine Weichbodenmatte an die Wand gestellt. Mit Tape oder farbigem Klebeband werden auf der Matte mehrere Einzelfelder markiert. Vor der Matte ist eine Linie markiert, ab der die Spieler werfen dürfen
- Die Spieler werfen abwechselnd und versuchen, nacheinander die Felder abzuwerfen (B)
- Welcher Spieler trifft als erstes jedes Feld mindestens einmal?

Station 3:

- Es wird ein großer Kasten aufgebaut und ein Kreis darum gezogen
- Die Spieler versuchen, von außerhalb des Kreises die einzelnen Querteile des Kastens nacheinander zu treffen, zunächst auf der breiten (C), später auf der schmalen Seite (D)

Station 4:

- Auf einer Bank wird eine Reihe von Hütchen aufgestellt. Vor der Bank ist eine Linie definiert, von der aus die Spieler werfen
- Die beiden Spieler werfen abwechselnd und versuchen, die Hütchen abzuwerfen (E)
- Wer trifft mehr Hütchen?

⚠ Die Ausholbewegung, die Körperhaltung und die Wurfbewegung sollen regelmäßig korrigiert werden

⚠ Die Abstände von den Zielen und die Vorgaben für die Wurfvarianten entsprechend dem Leistungsvermögen der Spieler gestalten

⚠ Die Übungen eignen sich auch, um mit Videoanalyse zu arbeiten und den Spielern die Fehler direkt im Anschluss an den Durchgang auf dem PC zu zeigen

Nr. 5	Zielwerfen	8	★
Benötigt:	6 Hütchen, 4 kleine Turnkisten, 2 große Turnkästen, 4 Medizinbälle, 2 Ballkisten mit ausreichend Bällen, 2 Ergebniskarten, 2 Stifte		

Aufbau:

- Zwei Mannschaften bilden, jede Mannschaft erhält eine Ergebniskarte und einen Stift
- Für jede Mannschaft zwei Medizinbälle, zwei kleine Turnkisten und einen großen Turnkasten als Ziele aufbauen und mit Hütchen die Abwurflinie markieren (s. Bild)

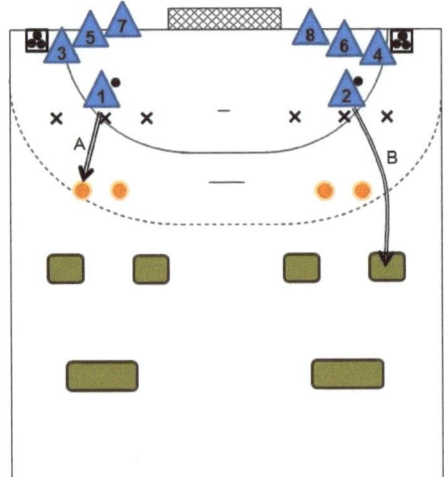

Ablauf:

- 1 und 2 starten mit Ball an der Abwurfmarke und werfen
- Dabei versuchen sie, entweder einen Medizinball (A), eine kleine Kiste (B) oder den großen Turnkasten zu treffen
- Gelingt ein Treffer, darf der entsprechende Posten auf der Ergebniskarte durchgestrichen werden (M bei Treffer des Medizinballs, K bei Treffer der kleinen Kiste, TK bei Treffer auf den Turnkasten)
- Der Spieler, der geworfen hat, läuft zurück und schlägt den nächsten Spieler ab, der dann den nächsten Wurfversuch absolviert
- Medizinbälle dürfen nach einem Treffer wieder auf die ursprüngliche Position gelegt werden, wenn die Mannschaft das wünscht.
- Welche Mannschaft hat als erstes alle Ziele auf der Ergebniskarte getroffen (oder hat am Ende der Spielzeit die meisten Treffer auf der Ergebniskarte)?

⚠ Auf korrekte Ausführung der Wurfbewegung achten

⚠ Die Mannschaften dürfen sich untereinander absprechen, wer auf welche Ziele wirft und so eine Strategie entwickeln

Ergebniskarte: M = Medizinball, K = Kleine Kiste, TK = TurnKasten

M	M	M	
K	K	K	K
TK	TK	TK	

Nr. 6	Wurfwettkampf auf feste Ziele	8	⭐
Benötigt:	10 Hütchen, 6 kleine Turnkisten, 2 Medizinbälle, 2 Schaumstoffwürfel, 2 Ballkisten mit ausreichend Bällen		

Aufbau:

- Zwei Mannschaften bilden, für jede Mannschaft drei Turnkisten und Hütchen als Abwurflinie aufstellen(s. Bild)
- Jeweils auf die vorderste Turnkiste einen Medizinball legen, auf die mittlere einen Schaumstoffwürfel (falls nicht vorhanden ein Hütchen oder einen Medizinball), auf die hinterste Kiste ein Hütchen stellen.

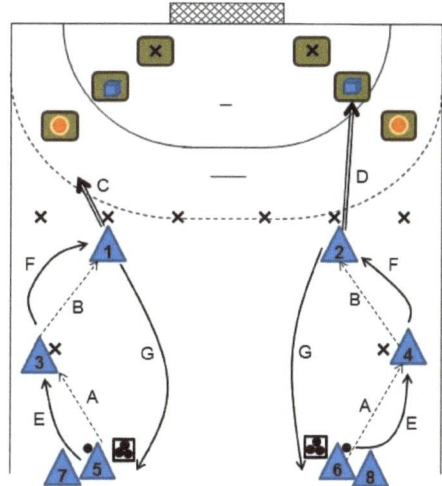

Ablauf:

- 5 und 6 starten auf Kommando mit Pass zu 3 bzw. 4 (A)
- 3 und 4 passen zu 1 bzw. 2 (B)
- 1 und 2 werfen auf ein selbst gewähltes Ziel (C und D)
- Bei einem Treffer werden die folgenden Punkte erzielt:
  - o Medizinball 2 Punkte
  - o Würfel: Punkte entsprechend der Augenzahl nach dem Herunterwerfen
  - o Hütchen: 5 Punkte
- Die Punkte pro Mannschaft werden vom Trainer notiert, die getroffenen Ziele wieder auf die Turnkiste gelegt
- Die Spieler laufen jeweils nach dem Pass auf die Position, zu der sie gepasst haben (E und F)
- 7 und 8 bringen jeweils den nächsten Ball ins Spiel
- 1 und 2 stellen sich nach dem Wurf bei der Ballkiste an (G)
- Jeder Spieler wirft 5 (10) mal. Es gewinnt die Mannschaft, die die meisten Punkte gesammelt hat
- Eventuell eine zweite Spielrunde anschließen

Variante:

- Das Spiel ist zeitlich begrenzt, welche Mannschaft schafft in 5 (7) Minuten die meisten Punkte

⚠ Auf die richtige Wurfbewegung bei Pass und Wurf achten und immer wieder korrigieren

⚠ Den Mannschaften eventuell vor dem Spiel Zeit geben, eine Strategie zu besprechen

⚠ Sollte kein Schaumstoffwürfel zur Verfügung stehen, kann statt dessen ein Hütchen oder ein Medizinball abgeworfen werden und nach einem Treffer darf die Mannschaft mit einem kleinen Würfel die Punkte auswürfeln

Nr. 7	Wurf mit Zielvorgabe durch Spielkarten	9	☆
Benötigt:	11 Hütchen, 4 kleine Turnkisten, 3 Medizinbälle, 1 Turnbank, 1 Kartenspiel		

Aufbau:
- Hütchen auf einer Turnbank aufstellen und die Wurflinie markieren
- Drei Turnkisten mit Medizinbällen darauf gegenüber aufstellen und die Wurflinie markieren
- Auf einer kleinen Turnkiste an der Mittellinie verdeckt einen Kartenstapel auslegen

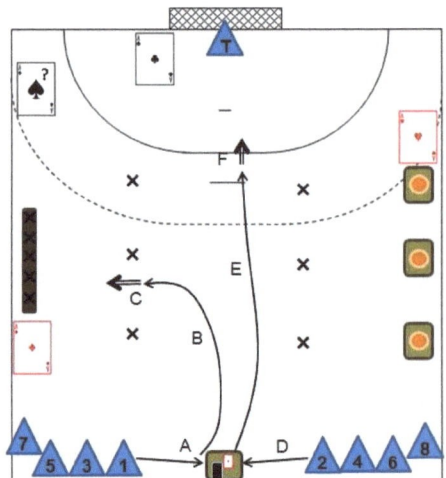

Ablauf:
- Es gibt drei Wurfziele, denen je eine Kartenfarbe zugewiesen ist
    - Die Hütchen auf der Bank (Karo)
    - Die Medizinbälle (Herz)
    - Der Wurf auf das Tor (Kreuz)
- Bei Pik darf das Wurfziel gewählt werden.
- Zwei Mannschaften werden gebildet, die sich rechts und links neben der hinteren Turnkiste aufstellen.
- 1 beginnt, deckt eine Karte (im Bsp. Karo) auf (A), läuft zur entsprechenden Wurflinie (B) und wirft auf das zur Karte passende Ziel (C)
- Ein Treffer ergibt einen Punkt
- Sobald 1 zum Wurfziel läuft, startet 2, deckt eine Karte auf (D) (im Bsp. Kreuz), läuft zur Wurflinie (hier 6m) (E) und wirft (F)
- Usw., welche Mannschaft erzielt mehr Punkte?

Nr. 8	Torwurf auf feste Ziele	6	★★
Benötigt:	4 kleine Turnkisten, 2 Leibchen, jeder Spieler mit einem Ball		

Aufbau:

- Links und rechts an den Torpfosten je eine kleine Turnkiste stellen
- In die Mitte des Tores 2-3 kleine Turnkisten gestapelt aufstellen
- Links und rechts oben an die Latte jeweils ein Leibchen knoten, so dass es in das Tor hineinhängt

Ablauf 1:

- **1** läuft mit Ball an und wirft aus der Bewegung heraus von 6 Metern auf einen der Gegenstände im Tor (A und B)
  - o Trifft er die 2-3 kleinen Turnkisten in der Mitte, erhält er 1 Punkt
  - o Trifft er eine der beiden kleinen Turnkisten am Pfosten, erhält er 2 Punkte
  - o Trifft er eines der beiden Leibchen, erhält er 3 Punkte
- Danach sind die anderen Spieler an der Reihe
- Welcher Spieler hat nach 10 Würfen die meisten Punkte?

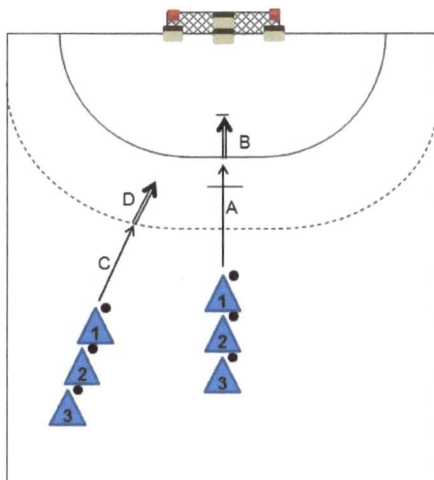

Ablauf 2:

- **1** läuft mit Ball an und wirft aus dem Sprungwurf heraus von 9 Metern auf einen der Gegenstände im Tor (C und D)

⚠ Die Spieler sollen die Wurfbewegung korrekt ausführen

Kategorie: Wurfserien mit Torwurf

Nr. 9	Wurfkontinuum von verschiedenen Positionen	6	⭐
Benötigt:	10 Hütchen, Ballkiste mit ausreichend Bällen		

Aufbau:
- Hütchen wie im Bild aufstellen

Ablauf A:

- 🔺 startet aus der Mitte, umprellt das linke Hütchen und wirft von der Rückraumposition (hier RL) aus dem Sprungwurf heraus auf das Tor

- Kurz bevor 🔺 auf das Tor wirft, startet 🔺, umprellt das Hütchen auf der rechten Seite und wirft ebenfalls aus dem Sprungwurf heraus auf das Tor

- Etwas zeitverzögert startet 🔺 und wiederholt den Ablauf
- Nach dem Wurf laufen die Spieler so schnell wie möglich zurück zum Ausgangpunkt (im Weg liegende Bälle mitnehmen) und wiederholen den Ablauf, bis keine Bälle mehr in der Ballkiste sind (ca. 25-30 Würfe)

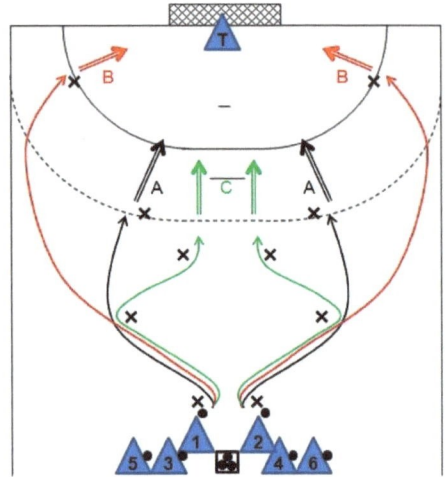

Ablauf B:

- 🔺 startet aus der Mitte, umprellt das linke Hütchen, prellt weiter bis auf außen und wirft von dort

- Da der Torhüter nun einen weiteren Weg hat, muss 🔺 seinen Start dementsprechend anpassen (der Torhüter soll beim Wurf sauber in der Ausgangsposition stehen)
- Usw. bis alle Bälle aufgebraucht oder ca. 25-30 Würfe erfolgt sind

Ablauf C:

- 🔺 startet aus der Mitte, umprellt das linke Hütchen, zieht dann dynamisch (prellend) Richtung Mitte und wirft von dort aus dem Sprungwurf heraus

- Kurz bevor 🔺 wirft, startet 🔺 mit dem gleichen Ablauf
- Usw. bis alle Bälle aufgebraucht oder ca. 25-30 Würfe erfolgt sind

⚠️ Die Spieler sollen mit hoher Dynamik an den Hütchen vorbei in Richtung Tor gehen

Nr. 10	Wurfserie mit Zielvorgabe	7	★
Benötigt:	1 großer Turnkasten, 2 Hütchen, 1 Kartenspiel, jeder Spieler mit einem Ball		

Aufbau:

- Auf einem großen Turnkasten werden zwei Kartenstapel verdeckt ausgelegt.
- Zwei Hütchen markieren den Wurfkorridor
- Jeder Kartenfarbe wird ein Eck im Tor zugeordnet.

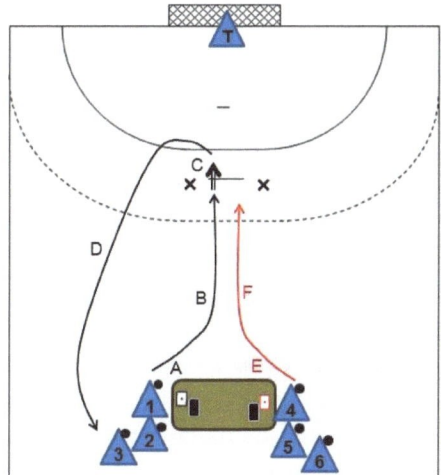

Ablauf:

- 🔺1 beginnt und dreht die oberste Karte um (A)

- 🔺1 prellt zu den Hütchen und wirft auf das Tor (B und C). Dabei versucht 🔺1, das zur Kartenfarbe gehörende Eck zu treffen. Gelingt dies, bekommt 🔺1 drei Punkte für seine Mannschaft, trifft 🔺1 in einem anderen Eck, bekommt er einen Punkt für seine Mannschaft, verwirft er, gibt es keinen Punkt.

- Danach läuft 🔺1 zurück zu seiner Mannschaft (D) und 🔺4 startet (E und F)

Wettkampf:

- Welche Mannschaft erzielt mehr Punkte aus ihrem Kartenstapel?

Nr. 11	Wurfserie mit Koordination	7	⭐
Benötigt:	8 Hütchen, 1 Turnbank, 6 Turnreifen, 1 kleine Turnkiste, 2 Ballkisten mit ausreichend Bällen		

Aufbau:

- Kleine Turnkiste, Bank, Reifen und Hütchen wie im Bild aufstellen
- Zwei Mannschaften bilden (Schützen links und rechts). Jede Mannschaft bekommt eine Ballkiste mit der gleichen Anzahl Bällen.

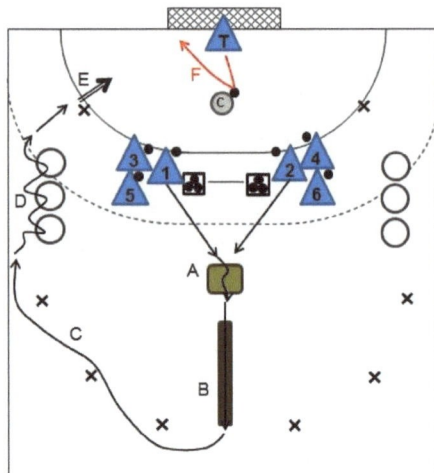

Ablauf:

- 🔺1 startet mit Ball, prellt zur kleinen Turnkiste, läuft über die Turnkiste ohne mit dem Prellen aufzuhören (A), läuft dann über die Bank (B) und prellt dabei den Ball weiter auf dem Boden neben der Bank (B).

- 🔺1 umprellt im Slalom die Hütchen (C), prellt dann einmal in jeden Reifen (D), nimmt den Ball auf und wirft von links außen (E)

- Wenn 🔺1 bei den Reifen ist, läuft der Torhüter zum Trainer, berührt den präsentierten Ball und stellt sich dann für den Wurf von außen (F)

- Wenn 🔺1 trifft, holt er den Ball und legt ihn in die Ballkiste der anderen Mannschaft, verwirft 🔺1, legt er den Ball in die eigene Ballkiste. 🔺1 stellt sich wieder an

- 🔺2 startet, wenn 🔺1 die Bank verlässt mit dem gleichen Ablauf, läuft dabei aber nach der Bank nach rechts und wirft von rechts außen.

- Welche Mannschaft hat nach Ablauf der Zeit die wenigsten Bälle in der Ballkiste?

⚠️ Die Spieler sollen die koordinativen Übungen konzentriert und möglichst fehlerfrei ausführen, die Geschwindigkeit erst mit steigender Sicherheit erhöhen

⚠️ Der Trainer präsentiert den Ball für den Torwart (F) immer unterschiedlich, mal hoch, mal tief, links oder rechts, so dass der Torhüter darauf reagieren muss

⚠️ eventuell zwei Durchgänge spielen und die Seiten tauschen

Nr. 12	Wurfserie mit einer einfachen Kreuzbewegung	6	★★
Benötigt:	2 Hütchen, Ballkiste mit ausreichend Bällen		

Aufbau:

- Hütchen zur Markierung wie im Bild aufstellen

Ablauf:

- 2️⃣ prellt mit Ball zum Hütchen (A)

- Beim Hütchen passt 2️⃣ zu 1️⃣ (B) und läuft sofort weiter (C)

- 1️⃣ stößt leicht an und passt 2️⃣ in den Lauf (D)

- 2️⃣ zieht ein Kreuzen an (E), 1️⃣ nimmt das Kreuzen an, bekommt den Pass (F) und wirft (G)

- 2️⃣ zieht sich sofort auf die

- Position von 1️⃣ zurück (H), während 3️⃣ bereits anprellt und den nächsten Durchgang startet

- 1️⃣ stellt sich mit Ball wieder an

- Nach einigen Durchgängen den Ablauf auch von der anderen Seite starten und von RL werfen

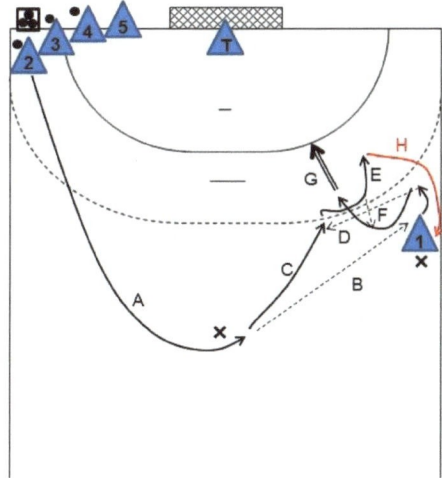

⚠ Die Spieler sollen das Kreuzen dynamisch anziehen und in vollem Tempo annehmen und in den Wurf gehen.

⚠ Der nächste Spieler startet so rechtzeitig, dass der vorhergehende Spieler sich sofort nach dem Zurückziehen zum Hütchen (H) zum Pass (B) anbieten muss

Nr. 13	Wurfserie auf mehreren Positionen mit Abwehr	7	★★
Benötigt:	8 Hütchen, Ballkiste mit ausreichend Bällen		

Aufbau:

- Hütchen wie im Bild aufstellen

- 2 und 3 sind die Anspieler für

- 1, der eine Serie von fünf Aktionen macht

Ablauf:

- **Aktion 1:** 1 bekommt von 2 den Pass nach links außen in den Lauf gespielt und wirft von dort (A)

- **Aktion 2:** 1 zieht sich nach dem 1. Wurf sofort rückwärts zurück und umläuft das 1. Hütchen. Danach bekommt er den Ball in

den Lauf gespielt (B) und macht eine 1:1 Aktion gegen 1 mit anschließendem Wurf

- **Aktion 3:** 1 zieht sich sofort nach der Aktion rückwärts zurück und umläuft das 2. Hütchen. Danach bekommt er den Ball in den Lauf gespielt (C) und

macht einen Sprungwurf über den Defensivblock von 2

- **Aktion 4:** 1 zieht sich sofort nach der Aktion rückwärts zurück und umläuft das 3. Hütchen. Danach bekommt er den Ball in den Lauf gespielt (D) und

macht eine 1:1 Aktion gegen 3 mit anschließendem Wurf

- **Aktion 5:** 1 zieht sich sofort nach der Aktion rückwärts zurück und umläuft das 4. Hütchen. Danach bekommt er den Ball nach rechts außen in den Lauf gespielt (E) und wirft von dort

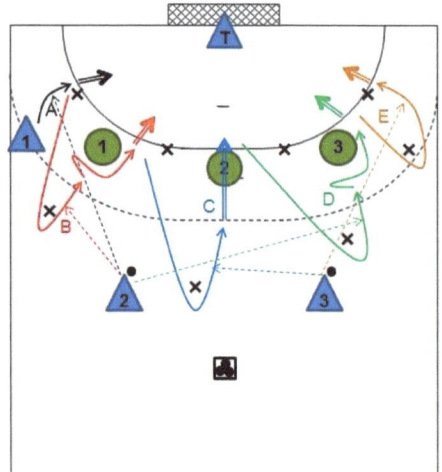

Weiterer Ablauf:

- Die übrigen Spieler sammeln die Bälle ein, damit kein Bruch in den Ablauf kommt

- Nach der letzten Aktion rutschen alle Spieler (auch die Ballsammler) eine Position weiter: z.B. 1 wird zu 1, 3 zu 3, 3 zu 2, 1 wird zum Anspieler oder Ballsammler usw., Wechsel links herum

Nr. 14	Wurfserie mit koordinativer Vorübung	6	★★
Benötigt:	1 Koordinationsleiter, jeder Spieler mit einem Ball		

Ablauf 1:

- **1** springt mit Ball in der Hampelmannbewegung durch die Koordinationsleiter. Beidbeinig in den ersten Zwischenraum (A) springen, beim nächsten Sprung mit den Beinen rechts und links neben der Koordinationsleiter landen (B), usw. bis zum Ende
- Aus dem letzten beidbeinigen Landen heraus, springt **1** beidbeinig nach vorne und oben in den Sprungwurf (C) und wirft auf das Tor (D)
- Danach startet **2** mit dem gleichen Ablauf

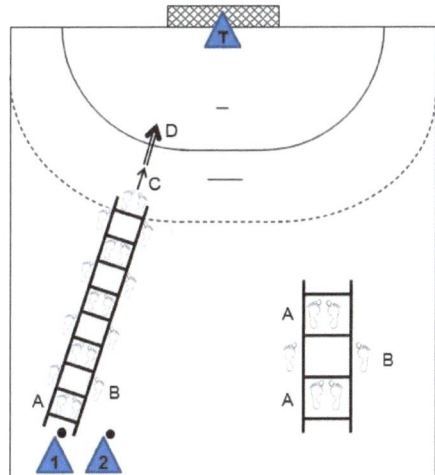

⚠ Auf eine schnelle Hampelmannbewegung in der Koordinationsleiter achten

Ablauf 2

- **1** läuft so schnell wie möglich durch die Koordinationsleiter mit je 2 Schritten je Zwischenraum (E)
- Am Ende läuft **1** mit drei Schritten (ohne zu prellen) deutlich zur Mitte (Wurfwinkel so optimal wie möglich) (F) und wirft aus dem Sprungwurf heraus auf das Tor (G)

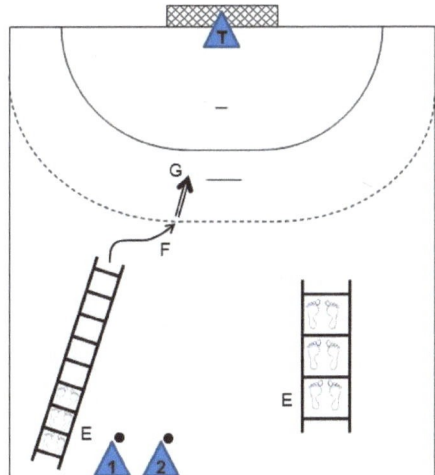

Nr. 15	Wurfserie mit Vorübung und Gegenstoß	11	★★
Benötigt:	2 Weichbodenmatten, 3 Hütchen		

Aufbau:
- Weichbodenmatten an der Mittellinie auslegen, Hütchen zur Markierung der Laufwege aufstellen (s. Bild)

Ablauf:
- ▲1 startet mit 10 schnellen Hampelmannbewegungen vor der Weichbodenmatte

- Danach macht ▲1 auf der Weichbodenmatte 10 schnelle Skippings (Kniehebelauf auf der Stelle) (A), den Ball hält er dabei fest

- ▲1 passt den Ball zum Trainer (B), umläuft im Sprint das Hütchen, bekommt den Ball zurück (C) und wirft aus dem Sprungwurf von 9 Meter (D)

- Nach dem Wurf startet ▲1 sofort in den Konter (E)

- T passt ▲1 nach der Mittellinie den Ball in den Lauf (F)

- ▲1 wirft aus dem Sprungwurf (G), holt sich im zügigen Lauf seinen Ball und stellt sich an der anderen Seite wieder an (H)

- Sobald ▲1 die Weichbodenmatte betritt (A), startet ▲2 vor der rechten Weichbodenmatte mit 10 schnellen Skippings (J)

- Danach macht ▲2 auf der Weichbodenmatte 10 Liegestützen (im Wechsel mit 10 Sit-ups beim nächsten Durchgang)

- ▲2 passt dann seinen Ball zum Trainer und es wiederholt sich der Ablauf (K)

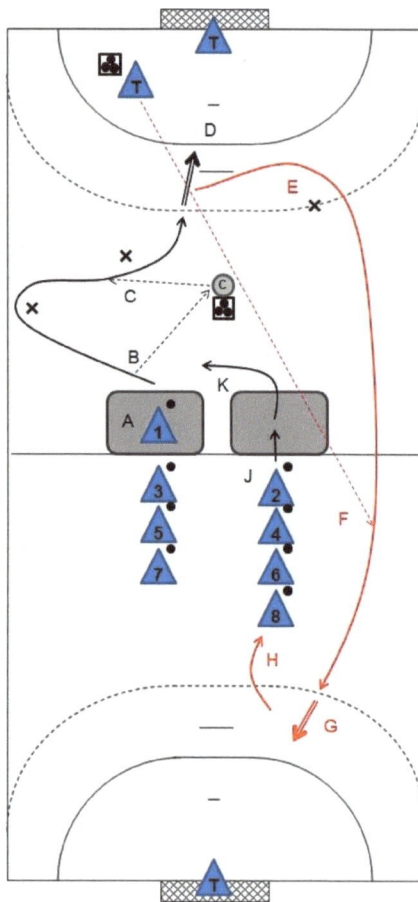

⚠ Nach einer Weile die Torhüter wechseln

⚠ Der Start der Spieler so timen, dass die Torhüter ausreichend Zeit für ihre Aktion haben

Nr. 16	Wurfserie mit Eckenvorgabe	7	★★
Benötigt:	2 dünne Turnmatten, 4 unterschiedlich farbige Karten, 2 Ballkisten mit ausreichend Bällen		

Aufbau:
- Matten wie im Bild auslegen

Ablauf 1:
- **1** und **2** stehen auf der Matte mit den Füßen schulterbreit auseinander.
- **3** wirft seinen Ball über **1** (A), kriecht zwischen den Beinen von **1** hindurch und fängt seinen Ball (B)
- Anschließend prellt **3** Richtung Tor (C) und wirft (D)
- Während des Anlaufens (C), zeigt der Trainer eine farbige Karte, die

anzeigt, in welches Eck **3** wirft (z. Bsp.: grün = rechts tief, blau = rechts hoch, rot = links tief, orange = links hoch)
- Wenn **3** wirft (D), startet **4** mit dem gleichen Ablauf (E – H) auf der anderen Seite usw.

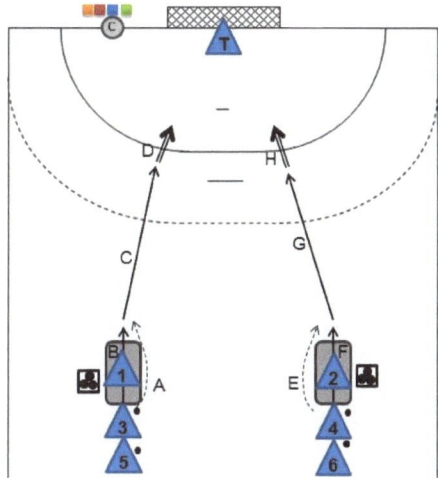

Variation auf der Matte:
- **1** und **2** beugen sich auf der Matte nach vorne und stützen die Arme auf die Knie.
- **3** wirft über **1** (A) springt über **1** und fängt seinen Ball. (B) -> Bocksprung

⚠ Der Ball soll nach dem Durchkriechen bzw. dem Bocksprung nach Möglichkeit direkt aus der Luft gefangen werden

⚠ Die Spieler sollen auch nach einem Fehlversuch in der Vorübung den Ball schnell sichern und noch auf das Tor werfen (entsprechend der gezeigten Karte)

⚠ **1** und **2** regelmäßig tauschen

Nr. 17	Wurfserie mit vorgelagerter Reaktionsübung	7	★★
Benötigt:	3 kleine Turnkisten, 7 Hütchen (verschiedene Farben), jeder Spieler mit einem Ball		

Aufbau:

- Drei Turnkisten aufstellen, vor jede Kiste ein Hütchen stellen und links und rechts zwei Hütchen in unterschiedlichen Farben aufstellen (s. Bild)

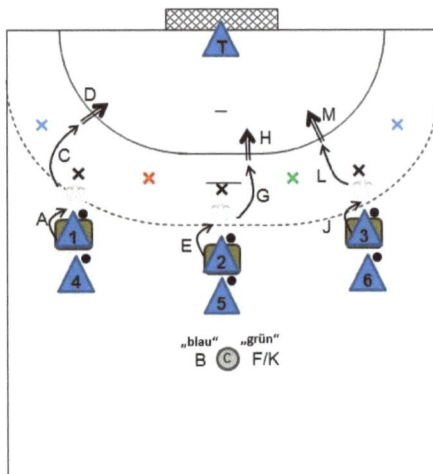

Ablauf 1:

- 1 springt mit Ball beidbeinig von der Turnkiste (A)
- Während des Sprungs ruft der Trainer die Farbe eines der beiden benachbarten Hütchen (hier blau – B)
- 1 geht ohne zu prellen, innerhalb der 3 Schrittregel, auf der Seite des genannten Hütchens vorbei (C) und wirft (D)
- Dann springt 2 beidbeinig von der Kiste (E), der Trainer nennt wieder eine Farbe (hier grün – F)
- 2 geht auf der entsprechenden Seite vorbei (G) und wirft (H)
- Dann springt 3 beidbeinig von der Kiste (J), der Trainer nennt wieder eine Farbe (hier wieder grün – K)
- 3 geht an der entsprechenden Seite vorbei (L) und wirft (M)
- Dann startet der Ablauf erneut mit 4, 5 und 6

Ablauf 2:

- Der Trainer nennt zuerst eine Hütchenfarbe, die wie in Ablauf 1 die Seite bestimmt, auf der der Spieler vorbei gehen soll und sofort im Anschluss die Zahl 2 oder 3, die bestimmt, wie viele Schritte der Spieler zur Verfügung hat, bevor er werfen muss.
(Bsp.: blau 2 (mit zwei Schritten auf der Seite des blauen Hütchens) / rot 3 (mit drei Schritten auf der Seite des roten Hütchens))

⚠ Die Spieler sollen sofort reagieren und entsprechend der Vorgabe vorbeigehen und werfen. Dennoch soll der Wurf mit höchster Konzentration erfolgen

Nr. 18	Wurfserie mit zwei Variationen und Entscheidung	10	★★
Benötigt:	2 dünne Turnmatten, 4 Stangen, 2 Ballkisten mit ausreichend Bällen		

Aufbau:

- Zwei kleine Turnmatten und Stangen wie im Bild aufstellen

Ablauf:

- 🔺1 startet mit Ball und macht 10 Hampelmannbewegungen auf der Matte (A)

- 🔺1 stößt danach an (B) und passt zum Trainer (C)

- 🔺1 bricht dynamisch nach außen ab und läuft im Bogen um die Stange (D)

- Nach der Stange bekommt 🔺1 den Ball in den Lauf gespielt (E) und wirft aus vollem Lauf (F)

- Zeitversetzt startet 🔺2 mit dem Ablauf von der anderen Seite (G - M)

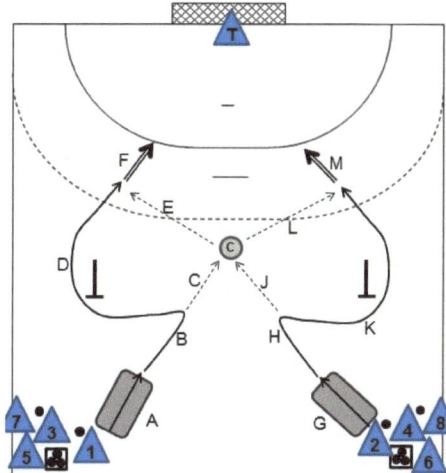

Ablauf 2:

- 🔺1 startet mit Ball und macht 8 beidbeinige Strecksprünge auf der Matte (A)

- 🔺1 stößt danach an (B), passt zum Trainer (C), bricht dynamisch nach außen ab, läuft im Bogen im die Stange (D) und bekommt den Rückpass vom Trainer (E)

- 🔺1 passt nach außen (F) zu 🔺3, der im Bogen anläuft und wirft (G).

- Zeitversetzt startet 🔺2 mit dem Ablauf von der anderen Seite (H-N)

- 🔺1 stellt sich nach dem Pass auf außen an, 🔺3 stellt sich mit Ball hinter 🔺2 an.

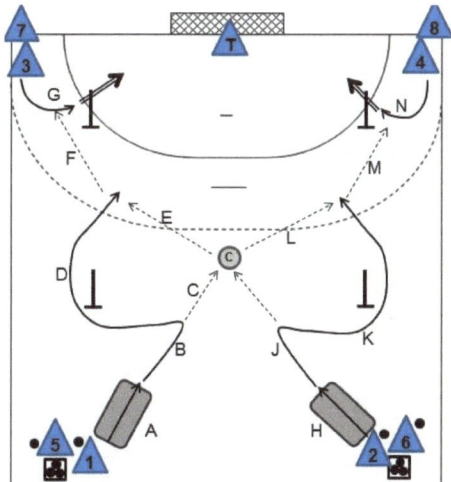

Ablauf 3:

- Der Ablauf aus Ablauf 2 bleibt erhalten, auf jeder Seite kommt ein Abwehrspieler hinzu

- ▲ entscheidet nach dem Pass vom Trainer (E):

  o Bleibt ① defensiv, wirft ▲ über den Block (F)

  o Kommt ① einen Schritt entgegen, folgt der Pass nach außen mit anschließendem Wurf (G)

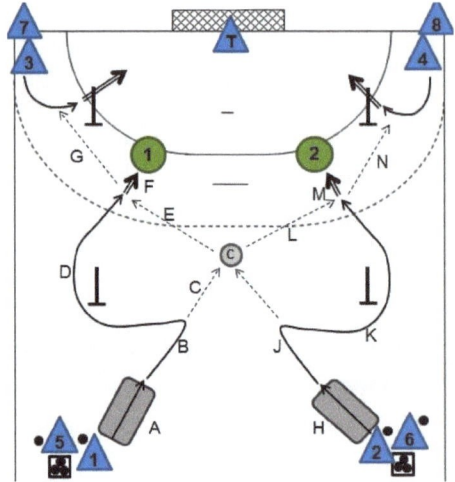

Nr. 19	Wurfserie mit Koordination und Pässen	7	★★
Benötigt:	6 Hütchen, Ballkiste mit ausreichend Bällen		

Aufbau:
- Mit je zwei Hütchen den Laufweg in der Acht markieren
- Zwei weitere Hütchen für den Laufweg in der Folgeaktion aufstellen (s. Bild)

Ablauf:
- 1 und 2 starten gleichzeitig und laufen eine Acht um die zwei Hütchen (A)
- Dabei spielen sie abwechselnd Doppelpässe (B und C) mit den beiden Anspielern (3 und 5 bzw. 4 und 6)
- Auf Pfiff der Trainers laufen 1 und 2 ohne Ball um die hinteren Hütchen (D)
- Der Trainer passt einem der beiden Spieler den Ball (E) und 1 und 2 laufen weiter in Richtung Tor und passen sich dabei den Ball (F), bis sie mit Torwurf abschließen können (G)
- Gleich nach dem Pfiff des Trainers startet jeweils einer der beiden bisherigen Zuspieler mit dem Lauf in der Acht. Ein neuer Spieler besetzt die Zuspielerposition und der Ablauf beginnt von vorne.

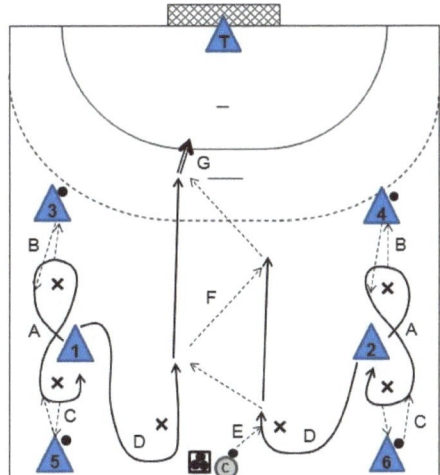

⚠ Die Spieler sollen flüssig in der Acht laufen (A) und bei den Doppelpässen die Laufbewegung nicht unterbrechen

⚠ Nach dem Kommando sollen die Spieler in höchstem Tempo um die Hütchen laufen (D) und die Pässe bis zum Torwurf spielen (E, F und G)

Nr. 20	Wurfserie mit Defensivblock und Konter	9	★★
Benötigt:	1 kleine Turnkiste, 5 Hütchen, 2 Ballkisten mit ausreichend Bällen		

Aufbau:

- Eine kleine Turnkiste und drei Hütchen wie im Bild aufstellen

Ablauf:

- 1️⃣ startet und springt fünfmal schnell hintereinander beidbeinig auf die kleine Turnkiste und wieder herunter (A)
- Nach dem fünften Sprung startet 1️⃣ sofort, sprintet zum zweiten Hütchen, rückwärts zurück zum ersten Hütchen (B), vorwärts zum dritten Hütchen (dabei wird der Ball zu 2️⃣ gepasst (C)), rückwärts zurück zum zweiten Hütchen; dann läuft 1️⃣ dynamisch Richtung Tor und bekommt von 2️⃣ den Ball in den Lauf gespielt (D)
- 1️⃣ wirft aus dem Sprungwurf heraus über 🟢, der einen defensiven Block stellt (E)
- Nach dem Wurf startet 1️⃣ sofort in den Konter (F), bekommt von 5️⃣ den Ball in den Lauf gespielt (G) und schließt mit einem Wurf ab (H)
- Wenn 1️⃣ den Rückpass von 2️⃣ bekommt (D), startet 3️⃣ mit den Sprüngen auf der kleinen Turnkiste (A) usw.
- Die Passgeber (2️⃣ und 5️⃣) und der Abwehrspieler (🟢) werden nach ein paar Pässen von den anderen Spielern abgelöst, usw.
- So lange wiederholen, bis alle Spieler 5-10 Durchgänge (Wurf plus Konter) absolviert haben

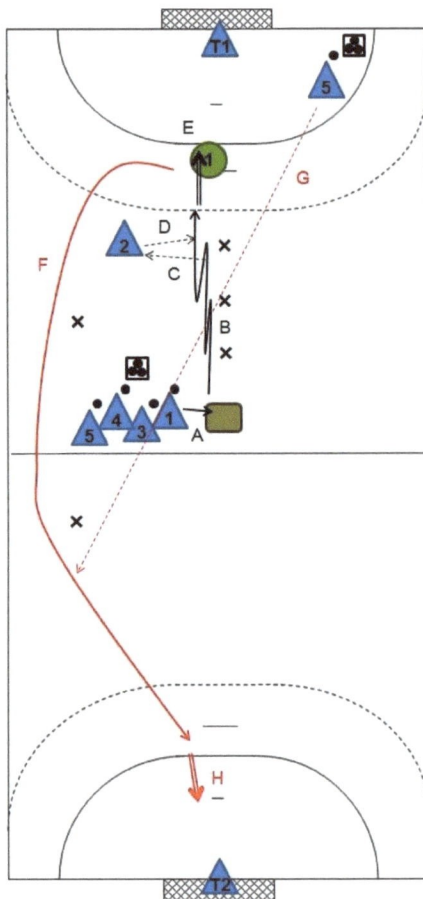

⚠️ Die Übung soll dynamisch ausgeführt werden. Nach dem Sprungwurf (E) sofort umschalten und in den Konter sprinten (höchste Geschwindigkeit)

Nr. 21	**Wurfserie mit Strafaktionen**	6	★★
Benötigt:	1 dünne Turnmatte, 2 Hütchen, 1 Ballkiste mit ausreichend Bällen		

Aufbau:

- Hütchen und Matte wie im Bild auslegen

Ablauf:

- ▲**1** startet ohne Ball, umläuft die beiden Hütchen im Slalom (A) und bekommt von ▲**2** den Ball in den Lauf gespielt (B)

- ▲**1** umläuft das zweite Hütchen, läuft dynamisch Richtung Tor und schließt mit Wurf ab (C)

- Nach dem Wurf startet ▲**1** sofort in die nächste Aktion, umläuft das

Hütchen (D), bekommt von ▲**2** einen zweiten Ball gespielt (E) und schließt mit Wurf ab (F)

- o Hat ▲**1** beide Würfe mit einem Tor abgeschlossen, sprintet er im Bogen zur Mittellinie (G)
- o Bei einem Fehlwurf sprintet ▲**1** zur dünnen Turnmatte, macht darauf einen Vorwärtspurzelbaum und sprintet danach weiter bis zur Mittelinie
- o Bei zwei Fehlwürfen sprintet ▲**1** zur dünnen Turnmatte, macht darauf einen Vorwärts- und einen Rückwärtspurzelbaum und sprintet danach weiter bis zur Mittellinie

- ▲**1** stellt sich wieder an und der Ablauf wiederholt sich mit ▲**2** usw.
- Nach einer Weile die Seite tauschen

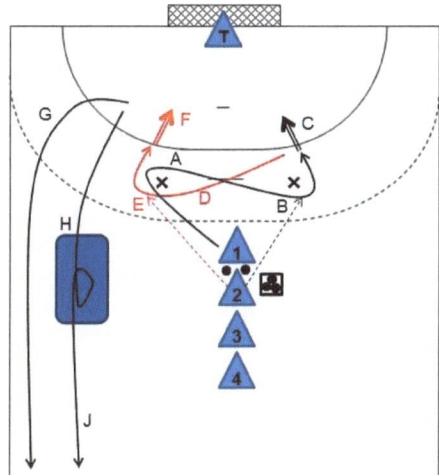

⚠ Die Spieler sollen nach den Aktionen immer sofort dynamisch in die Folgeaktion starten

Nr. 22	Wurfserie mit koordinativer Vorübung und Anschlussaktion	9	★★★
Benötigt:	8 Turnreifen, 2 Hütchen, Ballkiste mit ausreichend Bällen		

Aufbau:
- Reifen und Hütchen wie im Bild aufstellen

Ablauf:
- **1** und **2** (mit Ball) starten gleichzeitig und hüpfen beidbeinig durch die Reifenreihe (A)
- Nach der Reifenreihe steigern sie die Geschwindigkeit deutlich und machen vor dem Hütchen eine dynamische Körpertäuschung (B)
- **2** prellt nach innen und kreuzt **1** an, der dynamisch angelaufen kommt (C)
- **1** wirf aus dem Sprungwurf heraus (D)
- Nach dem Pass (C) umläuft **2** sofort das Hütchen (E), bekommt von **7** den Ball in den Lauf gespielt (F) und wirft aus dem Sprungwurf heraus (G)
- **1** holt sich nach seinem Wurf einen neuen Ball und stellt sich hinter **8** an. **2** stellt sich hinter **5** ohne Ball an. **7** holt sich einen neuen Ball und stellt sich hinter **6** an

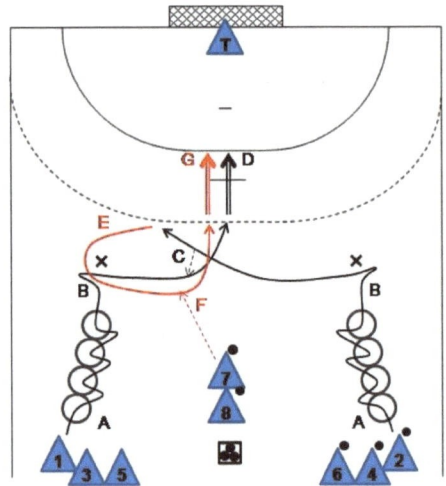

Variationen:
- Einbeinig springen (links/rechts)
- Mit einem Abwehrspieler, der defensiv bei 6-Meter agiert

⚠ Schnelles, aber sauberes Durchspringen der Reifenreihe

⚠ Dynamische Laufbewegungen

⚠ Nach der Kreuzbewegung muss der Spieler (**2**) sofort zur zweiten Aktion umschalten (E)

Nr. 23	Würfe innerhalb eines Ausdauertrainings	8	★★★
Benötigt:	8 Hütchen, 2 Ballkisten mit ausreichend Bällen		

Aufbau:
- Hütchen wie im Bild aufstellen

Ablauf:
- Alle Spieler umlaufen das Hütchen-Viereck in der Hallenmitte in mittlerem Tempo
- Auf Signal startet 1 mit einer Wurfserie von drei Würfen (alle anderen Spieler umlaufen weiter in mittlerem Tempo die Hütchen)
- 1 hat dabei die Wahl, von wo er wirft (LA, RL, RM, RR, RA)
- 1 bekommt vom Anspieler den Ball in den Lauf gespielt (B und C) und wirft auf das Tor (D)
- Nach dem Wurf muss 1 um das Hütchen sprinten (E) und bekommt erneut vom Anspieler den Ball in den Lauf gespielt
- Nach dem dritten Wurf macht 1 einen Steigerungslauf zum gegenüberliegenden Tor und wirft dort drei 7 Meter Würfe
- Zusatzaufgabe nach den sechs Würfen: Die Anzahl der nicht getroffenen Tore geteilt durch 2 (eventuell aufgerundet) ergibt die Anzahl der Runden, die 1 danach im Hütchen-Viereck (A) in der Mitte als Sprint absolvieren muss. Drei Fehlwürfe = 2 Runden Sprinten (A)
- Nach den Sprints läuft 1 mit mittlerem Tempo weiter, bis er wieder an der Reihe ist
- Nach den ersten drei Würfen von 1 startet der nächste Spieler

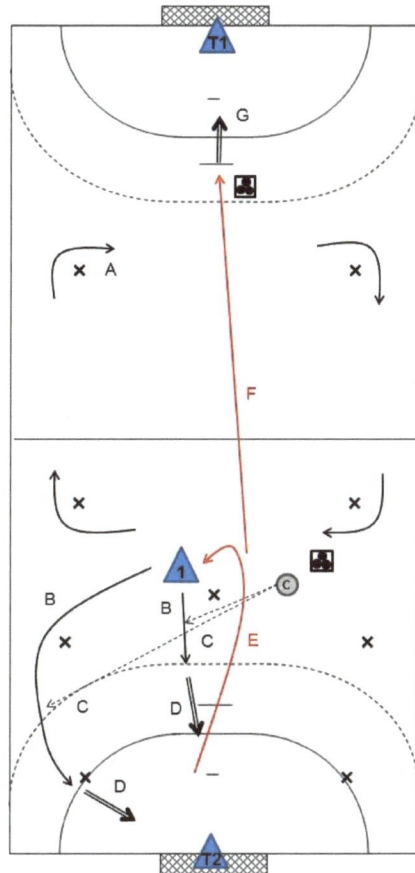

Wiederholung:
- Jeder Spieler absolviert den Ablauf zweimal (2* 6 Würfe)
- Danach den Spielern eine kurze Pause geben und den Ablauf wiederholen, allerdings gilt jetzt die 1:1 Regel. Jeder Fehlwurf ergibt eine „Strafrunde", wenn allerdings alle 7 Meter getroffen werden, werden eventuelle Fehler der ersten drei Würfe gestrichen und es muss gar nicht gesprintet werden

Nr. 24	Wurfserie mit Athletik	11	★★★
Benötigt:	6 Hürden, jeder Spieler mit einem Ball		

Aufbau:

- Die Hürden (alternativ kleine Turnkisten) wie im Bild gezeigt, aufstellen
- Die Spieler in drei Gruppen aufteilen:
  - Zwei Werfergruppen (**1**, **2**, **3** und **4**, **5**, **6**)
  - Eine Kräftigungsgruppe (**7**, **8** und **9**)

Ablauf:

- **1** passt seinen Ball zu **T** (A) und überspringt dann beidbeinig springend die beiden Hürden, ohne dabei zwischen den Hürden einen Zwischenhüpfer zu machen (nur ein Kontakt zwischen den Hürden ist erlaubt)
- **4** startet den gleichen Ablauf parallel zu **1** (J)
- Während dem Sprung über die zweite Hürde, kurz bevor **1** wieder landet, bekommt **1** den Ball wieder von **T** zurückgepasst (C) und soll dabei auch beidbeinig landen
- **1** startet jetzt ohne zu prellen (innerhalb der 3-Schritt Regel) Richtung Tor und wirft aus dem Sprungwurf heraus (D)
- Nach dem Wurf überspringt **1** zuerst sofort beidbeinig die Hürde (E), läuft dynamisch in den Konter, bekommt von **T1** den langen Ball gespielt (G) und schließt auf der anderen Seite mit Wurf ab (H)
- **T1** soll dabei für den langen Pass die optimale Passposition (diagonal) einnehmen (F)
- Nach seinem Wurf geht **1** zur Kräftigungsgruppe an den Rand (K) und

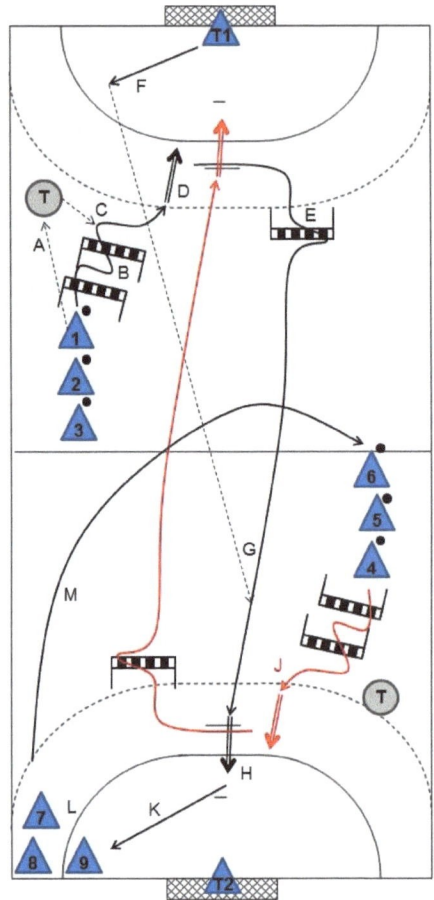

macht immer im Wechsel 10 Liegestützen und 10 Sit-Ups, dafür steht ⚠7 auf und stellt sich an der 1. Werfergruppe an (M)

- ⚠4 stellt sich nach seinem Wurf hinter ⚠3 wieder an
- Usw. bis jeder Werfer jede Station 10-15 Mal absolviert hat

⚠ Die Höhe der Hürden dem Leistungsniveau anpassen. Sie sollen beidbeinig übersprungen werden können

⚠ Beide Werfergruppen müssen gleichzeitig anfangen, damit beide Torhüter für den Wurf nach dem Konter Zeit haben, sich richtig zu stellen

⚠ Die Übung erfordert für alle Spieler hohe Konzentration, damit bei den Laufbewegungen keine Kollisionen entstehen

Kategorie: Positionsspezifisches Wurftraining

Nr. 25	Würfe auf den einzelnen Positionen 1	3	⭐
Benötigt:	2 Hütchen, jeder Spieler mit einem Ball		

Aufbau:
- LA, RL, RM, RR und RA mit 1-2 Spielern besetzen. Jede Position wird der Reihe nach absolviert:

Ablauf auf LA (RA):
- ⚠1 kommt im Bogen (A) gelaufen und bekommt von ⚠2 den Ball gespielt (B). ⚠1 stößt dynamisch neben das Hütchen und spielt den Ball wieder zurück zu ⚠2, der mit stößt (C).
- ⚠1 und ⚠2 ziehen sich sofort nach der Aktion wieder auf ihre Ausgangsposition zurück (D)
- Der Ablauf wiederholt sich ein zweites Mal
- Beim dritten Mal stößt ⚠1 nach außen, bekommt von ⚠2 den Ball als Bodenpass in den Lauf gespielt und wirft (E)

Ablauf auf RL (RR):

- **2** stößt im Bogen dynamisch an und bekommt von **3** den Ball in den Lauf gespielt (A)
- Rückpass (B) zu **3**, der mit stößt
- **2** und **3** ziehen sich sofort nach ihrer Aktion beide wieder auf ihre Ausgangspositionen zurück (C und D) und wiederholen den Ablauf
- Beim dritten Ablauf erfolgt kein Rückpass zu **3**, sondern **2** wirft (E) aus dem Sprungwurf heraus

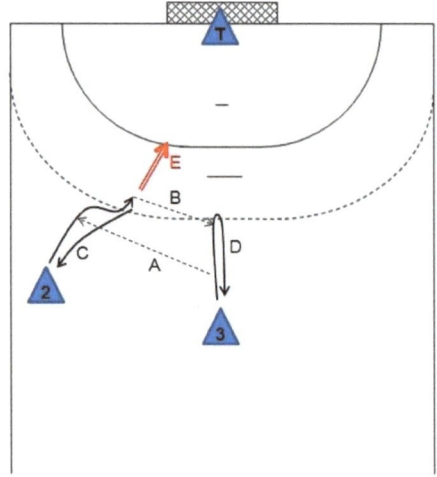

Ablauf auf RM:

- **3** stößt im Bogen dynamisch an, und bekommt von **4** den Ball in den Lauf gespielt (A)
- Rückpass (B) zu **4**, der mit stößt
- **3** und **4** ziehen sich sofort nach ihrer Aktion beide wieder auf ihre Ausgangspositionen zurück (C und D) und wiederholen den Ablauf
- Beim dritten Ablauf erfolgt kein Rückpass zu **4**, sondern **3** wirft (E) aus dem Sprungwurf heraus
- Danach erfolgt der Ablauf auf RR und RA analog zur linken Seite

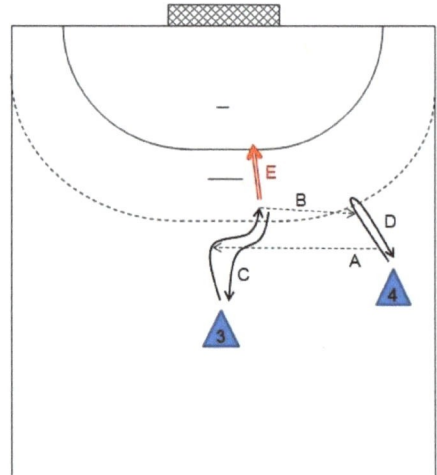

⚠ Zwischen den Abläufen keine Pause machen. Sobald auf LA alle Spieler geworfen haben, startet sofort der Ablauf auf RL usw.

⚠ Auf dynamisches Stoßen achten

Nr. 26	Wurfserie von den Positionen mit koordinativer Laufübung	3	★
Benötigt:	3 Hütchen, Ballkiste mit ausreichend Bällen		

Aufbau:

- Mit Hütchen jeweils den Laufweg markieren (siehe Bilder)

Ablauf auf Außen:

- 1 läuft eine Acht um die Hütchen, bekommt von 2 den Ball in den Lauf gespielt (A) und wirft von der Außenposition (B)

- Danach startet 1 sofort wieder in die Acht und beginnt den Ablauf von vorne (C)

Wiederholungen:

- 10 Würfe im Wettkampf mit einem zweiten/dritten Außenspieler. Wer macht die meisten Tore aus den 10 Würfen?

Ablauf im Rückraum:

- 1 läuft eine Acht um die Hütchen, bekommt anschließend von 2 den Ball in den Lauf gespielt (A) und wirft aus vollem Lauf aus dem Rückraum (B)

- Danach startet 1 sofort wieder in die Acht und beginnt den Ablauf von vorne (C)

Wiederholungen:

- 10 Würfe im Wettkampf mit einem zweiten/dritten Rückraumspieler. Wer macht die meisten Tore aus den 10 Würfen?

⚠ Blickrichtung in der Acht immer Richtung Tor

Nr. 27	Wurfserie für die Außenspieler mit Vorbelastung	8	★
Benötigt:	4 Hütchen, Ballkiste mit ausreichend Bällen		

Ablauf:

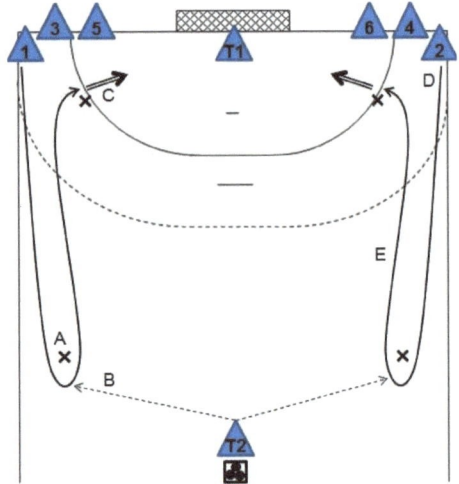

- 1️⃣ sprintet zum Hütchen (A), umläuft es und bekommt den Ball in den Lauf gespielt (B)

- 1️⃣ prellt mit Ball im Sprint wieder zurück und wirft von der Außenposition auf das Tor (C)

- Kurz bevor 1️⃣ auf das Tor wirft (C), startet 2️⃣ mit dem gleichen Ablauf auf der anderen Seite (D)

- Nachdem 1️⃣ geworfen hat und 2️⃣ auf dem Weg zum Tor ist (E), startet 1️⃣ wieder und wiederholt den Ablauf

- Jeder Spieler absolviert den Durchgang dreimal im Wechsel mit der anderen Seite, danach sind die nächsten beiden Spieler (3️⃣ und 4️⃣) an der Reihe

⚠️ Die Spieler sollen die drei Aktionen hintereinander mit höchstem Tempo absolvieren

⚠️ Das Timing muss aber so abgestimmt sein, dass der Torhüter genug Zeit hat, um sich von der einen Wurfposition außen auf die andere Seite korrekt zu stellen. Eventuell müssen die Spieler etwas später loslaufen!

Nr. 28	Wurfserie für Rückraumspieler	3	★
Benötigt:	5 Hütchen, ausreichend Bälle		

Aufbau:

- Fünf Hütchen in einer Reihe wie im Bild aufstellen

Ablauf:

- 2 startet von der Mittellinie, sprintet zum zweiten Hütchen, rückwärts zurück zum ersten Hütchen und dann Richtung Tor (A)

- 1 spielt 2 den Ball in den Lauf (B) und 2 wirft aus dem Sprungwurf heraus auf das Tor (C)

- Danach sprintet 2 sofort zurück zum ersten Hütchen, sprintet vor zum dritten Hütchen, rückwärts zurück zum zweiten Hütchen (D) und dann Richtung Tor

- 1 spielt 2 den Ball in den Lauf (E) und 2 wirft aus dem Sprungwurf heraus auf das Tor (F)

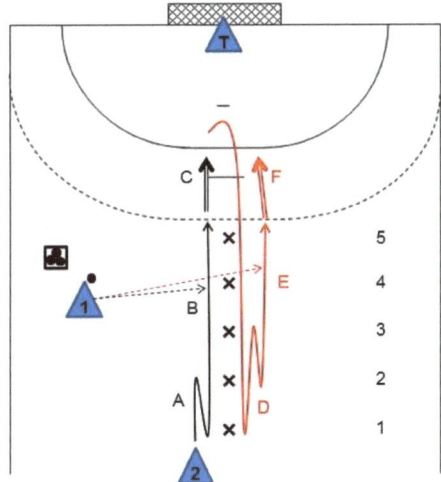

Dieser Ablauf wiederholt sich nun bei den weiteren Hütchen wie folgt:
- Zurück zum zweiten Hütchen, Sprint zum vierten Hütchen, rückwärts zurück zum dritten Hütchen und dann Richtung Tor
- Zurück zum dritten Hütchen, Sprint zum fünften Hütchen, rückwärts zurück zum vierten Hütchen und dann Richtung Tor

Danach absolviert ein weiterer Spieler den Ablauf und der Durchgang wiederholt sich, danach ist noch einmal 2 an der Reihe (jeder Spieler macht den Ablauf zweimal, mit einer kurzen Pause dazwischen)

⚠ Auf hohe Dynamik während des Durchgangs achten

Nr. 29	Wurfserie für RM	6	★
Benötigt:	1 Hütchen, Ballkiste mit ausreichend Bällen		

Ablauf:

- 1 stößt im Bogen an und spielt 2 den Ball in den Lauf (A)

- 2 stößt und spielt den Ball 3 in den Lauf (B)

- 3 stößt und spielt 4 den Ball in den Lauf (C)

- 4 wirft aus dem Sprungwurf auf das Tor (D). 5 versucht einen defensiven Block.

- 1, 2 und 3 ziehen sich nach ihrer Aktion sofort wieder auf den Ausgangspunkt zurück (E) und beginnen den Ablauf von vorne (A und B)

- 4 sprintet sofort nach seinem Wurf (D) zurück, umläuft das Hütchen (F), bekommt den zweiten Ball in den Lauf gespielt (G) und wirft aus dem Sprungwurf heraus (H)

- Nach dem 2. Wurf von 4, tauschen 5 und 4 die Aufgaben und der Ablauf wiederholt sich

Wiederholungen:

- 4 und 5 machen je vier Wurfserien (jeweils 8 Würfe), danach tauschen die fünf Spieler z.B. im Uhrzeigersinn die Positionen.

⚠ Das Hütchen (hinter 4) so aufstellen, dass 3 mit seinem Pass zu 4 nicht warten muss (1 steuert den Auftaktpass)

⚠ 2 und 3 stoßen voll mit und ziehen sich sofort nach dem Pass wieder zurück

⚠ Hohe Dynamik

Nr. 30	Wurfserie für den Kreisläufer	5	★
Benötigt:	Ballkiste mit ausreichend Bällen		

Aufbau:

- 1 und 2 stellen sich nebeneinander an den Kreis
- Sie strecken seitlich die Arme im Winkel von 90° nach oben, so dass sich die Fingerspitzen berühren und ein „Tunnel" entsteht

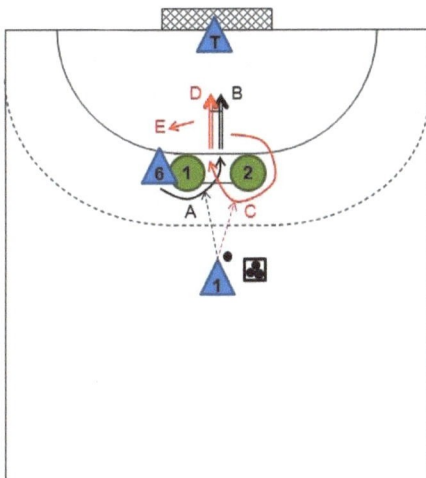

Ablauf:

- 6 startet von links neben 1, umläuft ihn und bekommt von 1 den Ball in den Lauf gespielt (A)
- 6 läuft dynamisch unter den ausgestreckten Armen von 1 und 2 durch und wirft vom Kreis (B)
- Nach dem Wurf umläuft 6 sofort 2, bekommt von 1 den Ball in den Lauf gespielt (C), läuft dynamisch unter den ausgestreckten Armen von 1 und 2 durch und wirft erneut vom Kreis (D)
- Danach beginnt der Ablauf wieder und 6 umläuft 1 (E), usw.

⚠ 6 soll sich unter den Armen von 1 und 2 durchducken und dann sofort wieder dynamisch aufrichten und auf das Tor werfen

Nr. 31	Wurfserie für Außenspieler 2	6	★★
Benötigt:	1 Hütchen, Ballkiste mit ausreichend Bällen		

Aufbau:

- Mit einem Hütchen die Wurf-position markieren

Ablauf:

- **3** spielt **2** den Ball in den Lauf (A)

- **2** stößt dynamisch und kreuzt mit **1**, der im Bogen von außen angelaufen kommt (B)

- **1** wirft (C) aus dem Sprungwurf über **1**

- Nach der Abwehraktion geht **1** sofort nach außen (D) und stört **1** in dessen folgender Wurfaktion

- Nach dem Wurf zieht **1** sich sofort zurück, umläuft das Hütchen und bekommt von **3** den Ball in den Lauf gespielt und wirft von außen (E)

- Den Ablauf wiederholt **1** insgesamt 5mal ohne Pause, danach werden die Aufgaben neu verteilt

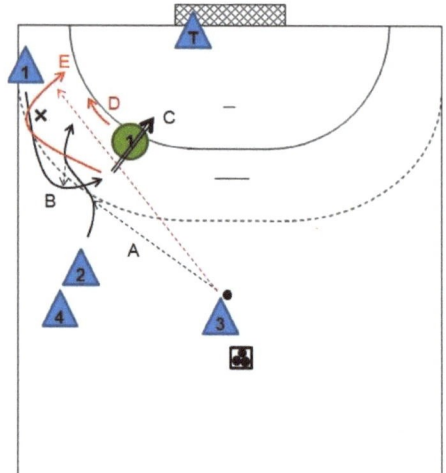

⚠ **1** agiert beim Block defensiv und stört auf Außen **1** mal mehr, mal weniger, lässt den Wurf jedoch zu

⚠ **1** macht die insgesamt 10 Aktionen mit voller Dynamik

Nr. 32	Wurfserie für RL und RR mit Belastung	9	★★
Benötigt:	6 Hütchen, Ballkiste mit ausreichend Bällen		

Aufbau:

- Hütchen wie im Bild in zwei Reihen aufstellen

Ablauf:

- 3 stößt an und passt 1 den Ball in den Lauf (A)

- 1 wirft aus dem Sprungwurf heraus über den defensiv agierenden 1 auf das Tor (B)

- 4 stößt an (C) und passt 2 den Ball in den Lauf, der ebenso aus dem Sprungwurf heraus wirft

- Nach dem Wurf sprintet 1 um das hinterste Hütchen (D)

- 3 holt sich einen neuen Ball (E) und passt 1 erneut in den Lauf, der aus dem Sprungwurf auf das Tor wirft

- Danach ist 2 wieder an der Reihe

- 1 und 2 sprinten dann um das mittlere Hütchen (F) und zum Schluss um das vorderste Hütchen (G)

- T2 passt die geworfenen Bälle zu 5, der an der Mittellinie steht und die Bälle in die Ballkiste legt

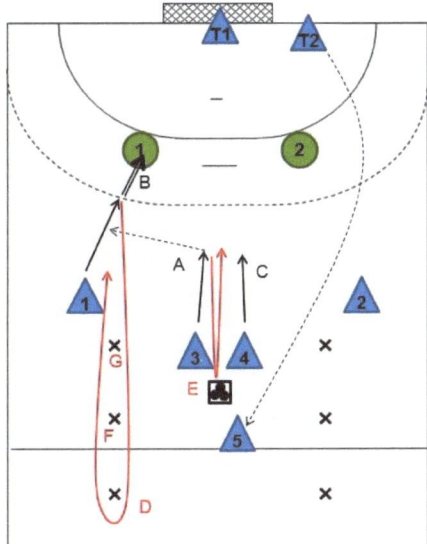

⚠ Die Würfe von 1 und 2 müssen so abgestimmt werden, dass der Torhüter zwischen den Würfen ausreichend Zeit hat, sich wieder richtig zu stellen

⚠ Das Umlaufen der Hütchen (D, F und G) von 1 und 2 soll im Sprint erfolgen

Nr. 33	Wurfserie im Rückraum mit Laufbewegung ohne Ball	8	★★
Benötigt:	12 Hütchen, Ballkiste mit ausreichend Bällen		

Aufbau:
- Mit den Hütchen zwei Korridore markieren (s. Bild)

Ablauf:

- **1** geht nach vorne und macht fünf schnelle Hampelmann-Bewegungen auf der Stelle (A)

- Danach läuft **1** nach rechts weg und im Bogen durch die Hütchenbahn (B)

- **1** dreht den Körper nach hinten auf und bekommt den Ball von **2** von hinten in den Lauf gespielt (C)

- **1** wirft aus dem Sprungwurf über den defensiv im Block stehenden **3** (D) Nach dem Wurf wird **1** sofort zum neuen Abwehrspieler (E)

- Nach der Abwehraktion holt sich **3** einen neuen Ball und stellt sich an (F)

- Sofort nach dem Pass startet **2** mit den Hampelmann-Bewegungen (G) und der Ablauf wiederholt sich auf der anderen Seite

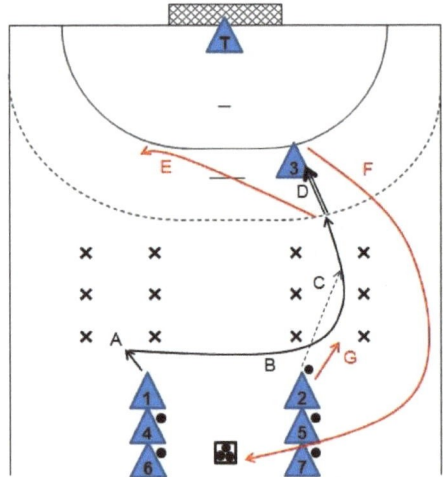

- Usw.

Variationen:
- Liegestützen, Sit-Ups, Strecksprünge in der ersten Aktion (A) machen

⚠️ **1** soll nach der ersten Aktion (A) mit höchster Dynamik in die Laufbewegung gehen (B)

Nr. 34	Wurfserie für den Kreisläufer 2	6	★★
Benötigt:	Ballkiste mit ausreichend Bällen		

Grundablauf:

- Der Kreisläufer (**2**) macht acht Aktionen hintereinander (vier von jeder Seite), dann wechseln die Aufgaben (neuer Kreisläufer, Abwehrspieler, Anspieler)

Ablauf 1:

- Die Abwehrspieler **2** und **3** stehen sich gegenüber und halten sich an den Händen

- **2** startet von links, läuft im Bogen um **2** (A), bekommt von **1** den Pass in den Lauf (B), springt durch die Lücke zwischen **2** und **3** und wirft (C)

- **2** durchbricht dabei die mit dem Armen von **2** und **3** gehaltene Schranke. Die beiden Abwehrspieler fassen sich locker, so dass sich die Hände beim Durchbruch lösen, geben den Weg aber nicht vor dem Kontakt mit **2** frei.

- Danach dreht sich **2** um und fasst sich mit **1** an den Händen und **2** startet für den nächsten Wurf von der anderen Seite.

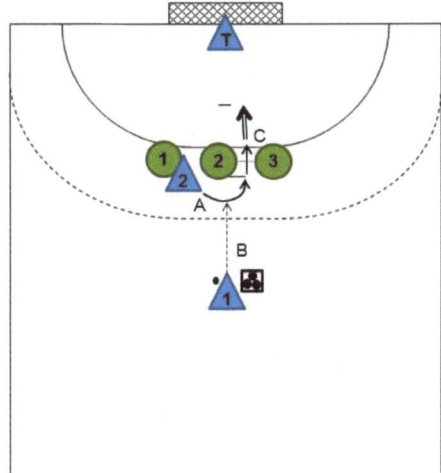

Ablauf 2:

- Die Abwehrspieler gehen etwas weiter auseinander als in Ablauf 1 und fassen sich nicht mehr an den Händen

- **2** startet von links, läuft im Bogen um **2** (A), bekommt von **1** den Pass in den Lauf (B) und versucht, durch die Lücke zwischen **2** und **3** zu springen (C).

- Bewegt **2** sich in die Lücke und schließt damit die Lücke zu **3**

(D), dreht sich 🔵2 um 🟢2 herum und wirft links von 🟢2 (E).

- In der nächsten Runde startet 🔵2 von rechts

⚠️ Die äußeren Abwehrspieler bleiben stehen, nur 🟢2 schließt eventuell die Lücke.

⚠️ 🔵2 soll am Kreis mit hoher Dynamik arbeiten und entschlossen durch die Lücken springen.

Nr. 35	Wurfserie mit Blockspieler aus dem Rückraum	6	⭐⭐
Benötigt:	2 Hütchen, Ballkiste mit ausreichend Bällen		

Grundablauf:

- Die Spieler, die gerade Pause haben, sammeln die Bälle ein, damit die Werfer nicht warten müssen
- Immer zwei Spieler führen im Wechsel ihre drei Würfe durch (insgesamt 9 Würfe je Spieler)

Ablauf:

- 🔵1 startet dynamisch Richtung Tor, bekommt von 🔵4 den Ball in den Lauf gespielt (A) und wirft aus dem Sprungwurf heraus über den defensiv stehenden 🟢1 hinweg (B)
- Nach dem Wurf umläuft 🔵1 sofort das Hütchen (C)
- 🟢1 verschiebt zur nächsten Wurfposition (D)
- 🔵1 bekommt von 🔵4 den nächsten Ball in den Lauf gespielt (E) und wirft wieder über den defensiv stehenden Block von 🟢1 aus dem Sprungwurf (F)
- Danach wiederholt sich der Ablauf ein drittes Mal auf RR (G)
- Nach dem dritten Wurf, startet der gleiche Ablauf mit 🔵2
- Usw.

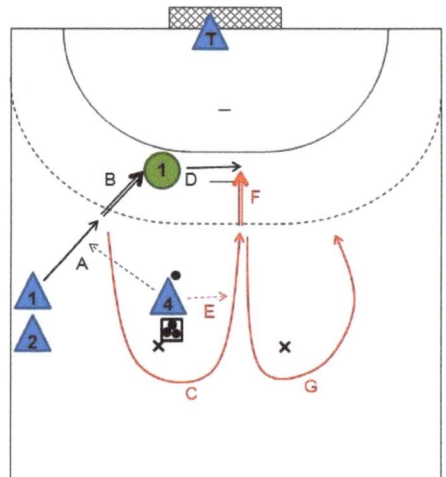

⚠️ 🟢1 und 🔵T sollen sich beim defensiven Block immer wieder absprechen (Abwehreck/Torhütereck)

Nr. 36	Wurfserie mit Wurfentscheidung auf der Halb- und Außenposition		★★
Benötigt:	3 Hütchen, Ballkiste mit ausreichend Bällen		

Aufbau:
- Hütchen wie im Bild aufstellen

Ablauf im Rückraum:

- **3** bringt den Ball ins Spiel und passt (A) einem der beiden Rückraumspieler (hier **2**) in den Lauf (B)
- Steht **1** vor **2**, passt **2** zurück zu **3** (C) und **3** passt zu **1** (D)
- **1** umläuft das Hütchen in der Mitte einmal komplett (E) und versucht dann, sich vor **1** zu positionieren (E)
  - ○ Steht **1** noch nicht richtig, wirft **1** aus dem Sprungwurf (F)
  - ○ Steht **1** bereits in Position, passt **1** wieder zurück zu **3** (G) und der Ablauf wiederholt sich auf die andere Seite
- Hat ein Spieler geworfen, stellt er sich wieder an, **3** bringt sofort einen neuen Ball ins Spiel

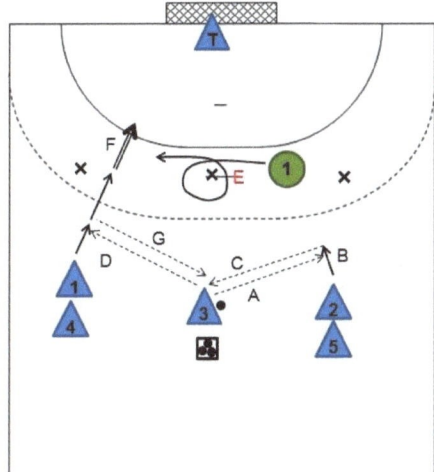

⚠ Die Spieler sollen **1** beobachten und bei Erhalt des Balles entscheiden, ob sie werfen können oder noch einmal zurück passen

Ablauf auf Außen:

- ▲1 stößt mit Ball leicht zur Mitte an (A) und passt den Ball zu ▲2 (B)

- ●1 startet beim Pass von ▲1 zu ▲2 (B) und umläuft das Hütchen (C)

- ▲1 zieht sich nach dem Pass zurück, um dann wieder nach außen anstoßen zu können (E)

- ▲2 stößt (D) und passt den Ball ▲1 in den Lauf (F)

- ▲1 zieht zum Tor und wirft (G)

- Sollte ●1 bereits mit dem Weg um die Hütchen fertig sein und ▲1 den Weg zum Tor versperren, kann ▲1 noch einmal zu ▲2 passen und der Ablauf (C-G) wiederholt sich

- Nach dem Wurf startet der Ablauf von der anderen Seite (H und J)

- Jeder Außen macht fünf Würfe in Folge (abwechselnd mit der anderen Seite)

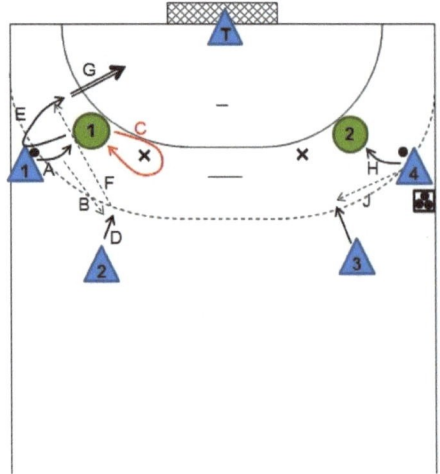

⚠ ▲1 soll die Entscheidung treffen, ob ein Wurf (G) möglich ist. Er soll dabei dynamisch Richtung Tor ziehen und auch kleine Räume auf Außen ausnutzen

Nr. 37	Positionsspezifische Würfe als Stationstraining	8	★★
Benötigt:	2 große Turnkästen, 2 kleine Turnkisten, 2 dünne Turnmatten, 6 Hütchen, 3 Tennisbälle, jeder Spieler einen Ball		

Ablauf auf Außen:
- Auf jeder Seite einen großen Turnkasten wie abgebildet aufstellen
- **1** (auf rechts **3**) startet von der Außenposition, passt den Ball an den Turnkasten (A), läuft los, nimmt den zurückprellenden Ball auf und wirft auf das Tor (B)

Ablauf am Kreis:
- Zwei kleine Turnkisten wie abgebildet mit der „gepolsterten" Seite nach innen aufstellen
- **2** passt den Ball an die kleine Turnkiste (C), umläuft danach das Hütchen, nimmt den Ball wieder auf und wirft auf das Tor (D)

Ablauf dünne Turnmatte:
- Die Spieler machen auf der dünnen Turnmatte Sit-Ups (E)

Ablauf im Rückraum:
- **4** wirft den Ball hoch in die Luft nach vorne (F), umläuft die Hütchen wie abgebildet im Slalom (G), nimmt den Ball wieder auf und wirft innerhalb von drei Schritten (ohne zu prellen) aus dem Sprungwurf heraus auf das Tor (H)

Ablauf bei den Tennisbällen:
- Die Spieler sollen mit drei Tennisbällen jonglieren (J)

Grundablauf:
- Die Spieler absolvieren die einzelnen Stationen immer im Wechsel (drei Würfe von einer Position, danach weiter zur nächsten Station), so dass jeder Spieler am Ende auf die vorgegebene Anzahl pro Station kommt:

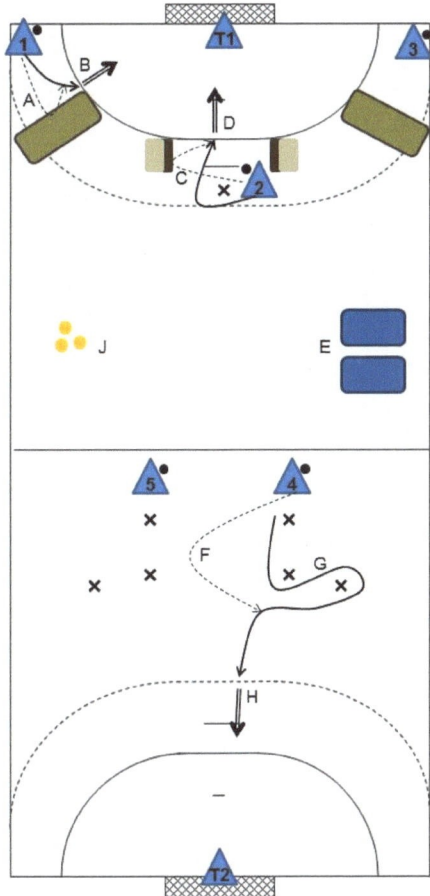

- o Insgesamt jeweils 9 Würfe von jeder Position = 45 Würfe
- o 3mal 20 Liegestützen
- o 3mal ca. 1-2 Minuten jonglieren

⚠ Die Übung kann sehr gut auch bei einem Torhüter und 3-4 Spielern gemacht werden. Alle Spieler absolvieren jede Station dann immer zusammen nacheinander

Nr. 38	Wurfserie für den Rückraum mit kreuzen 1	10	★★
Benötigt:	ausreichend Bälle		

Aufbau:

- LA und RA jeweils einfach besetzen
- Rückraumpositionen mindestens doppelt besetzen

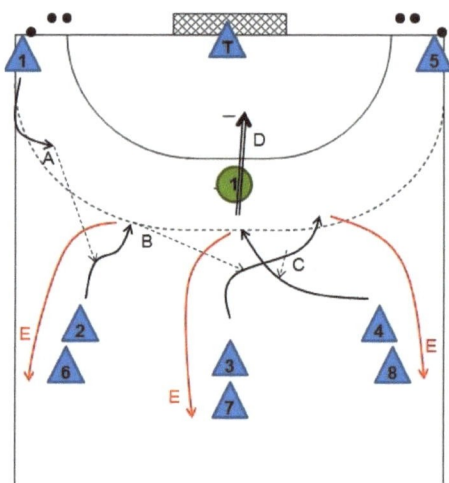

Ablauf:

- ▲1 kommt mit Ball dynamisch im Bogen von außen angestoßen und spielt ▲2 den Ball in den Lauf (A)

- ▲2 stößt dynamisch und spielt ▲3 den Ball in den Lauf (B)

- ▲3 kreuzt dynamisch mit ▲4 (C)

- ▲4 wirft (D) aus dem Sprungwurf heraus (●1 versucht mit einem defensiven Block, den Ball zu blocken)

- Die Spieler (▲2, ▲3 und ▲4) ziehen sich nach Ihrer Aktion wie dargestellt sofort rückwärts wieder zurück (E)

- Nach dem Wurf von ▲4 (D) erfolgt sofort der gleiche Ablauf von der anderen Seite

- usw.

⚠ ●1 muss eventuell seine Position nach links oder rechts korrigieren

⚠ Auf dynamische Ausführung achten

Nr. 39	Wurfserie für den Rückraum mit kreuzen 2	7	★★
Benötigt:	1 Hütchen, Ballkiste mit ausreichend Bällen		

Aufbau:

- Mit einem Hütchen den Laufweg markieren

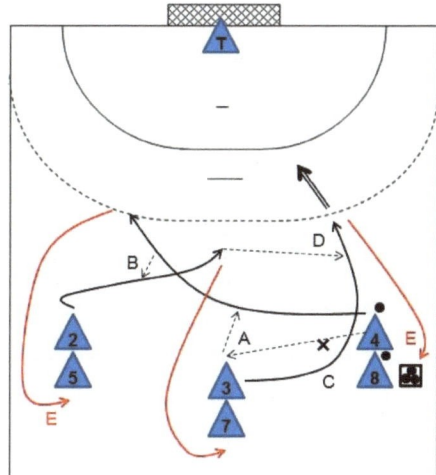

Ablauf:

- 4 spielt den Ball zu 3, läuft dynamisch nach links und bekommt den Ball von 3 wieder in den Lauf gespielt (A)

- 2 macht eine Lauftäuschung ohne Ball nach links, kreuzt mit 4 und bekommt von ihm den Ball gespielt (B)

- 3 macht nach seinem Pass zu 4 (A) eine Laufbewegung um das Hütchen (C)

- 2 zieht jetzt mit Ball dynamisch Richtung Tor und passt 3, der im vollen Lauf kommt, den Ball (D)

- 3 schließt mit einem Sprungwurf von 9 Metern ab

- Nach der Aktion stellen sich die Spieler wie abgebildet wieder neu an (E), Usw.

⚠ Das Anlaufen von 3 muss so abgestimmt sein, dass er auf den Pass (D) nicht warten muss

Nr. 40	Wurfserie für Außen mit Kreuzen im Rückraum	8	★★
Benötigt:	Ballkiste mit ausreichend Bällen		

Ablauf:

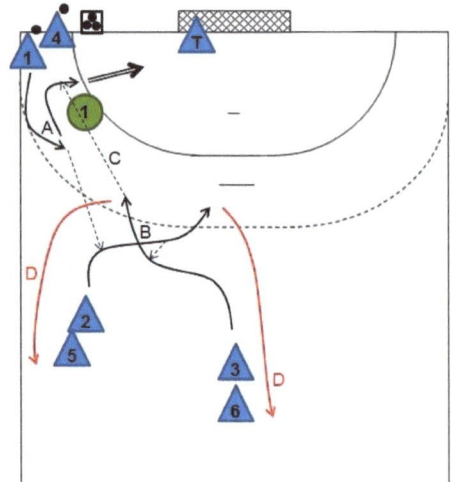

- 🔺1 kommt mit Ball dynamisch im Bogen von außen angestoßen und spielt 🔺2 den Ball in den Lauf (A). Danach zieht sich 🔺1 sofort wieder in die Ecke zurück

- 🔺2 stößt dynamisch an und kreuzt mit 🔺3 (B)

- 🔺3 zieht Richtung Tor und spielt den Ball als Bodenpass zu 🔺1 (C), der von außen wirft

- Direkt nach Abschluss startet 🔺4 mit dem gleichen Ablauf

- usw.

- 🔺2 und 🔺3 ziehen sich nach der Aktion sofort rückwärts zurück und stellen sich wieder an (D)

⚠ 🔵1 agiert zunächst defensiv, versucht dann im Laufe der Übung, den Werfer zunehmend zu behindern. Der Wurf selbst sollte dabei möglich bleiben

Kategorie: Komplexe Wurfserien

Nr. 41	Wurfserie mit Vorübung	3	★★
Benötigt:	2 Koordinationsleitern, 2 Hütchen, Ballkiste mit ausreichend Bällen		

Aufbau:

- Zwei Koordinationsleitern parallel auslegen, zwei Hütchen links und rechts wie abgebildet aufstellen
- Der Trainer positioniert sich am Rand mit einer Ballkiste mit zusätzlichen Bällen

Ablauf:

- 1 und 2 laufen mit Blickrichtung zueinander im Sidestep (zwei Kontakte je Zwischenraum) durch die Koordinationsleiter (A) und passen sich dabei einen Ball (B und C)

- Am Ende der Koordinationsleiter wird die Richtung gewechselt und wieder in die andere Richtung gelaufen

- Auf Kommando „HOP" des Trainers startet der Ballhalter (hier 2) in Richtung Tor (D) und wirft (E)

- Der Spieler ohne Ball (1) umläuft eines der beiden Hütchen (F).

- Der Trainer rollt einen zweiten Ball ins Feld (G), 1 nimmt diesen auf (H), geht in Richtung Tor und wirft (J)

- Nach dem Kommando „HOP" für 1 und 2 starten sofort die nächsten beiden Spieler mit den Pässen in der Koordinationsleiter

⚠ Die Spieler sollen beim Kommando sofort reagieren und mit der jeweiligen Folgeaktion starten

Nr. 42	Eine Auftakthandlung als Wurfserien von verschiedenen Positionen	10	★★
Benötigt:	Ballkiste mit ausreichend Bällen		

Aufbau:

- Jede Position min. doppelt besetzen, RM genügt einfach

Ablauf 1:

- ▲3 stößt an und spielt (A) den Ball zu ▲2. Danach zieht er sich wieder auf seine Ausgangsposition zurück

- ▲2 stößt dynamisch Richtung Tor

- ▲1 kommt im Bogen angelaufen, kreuzt (B) hinter ▲2 und bekommt den Ball gespielt

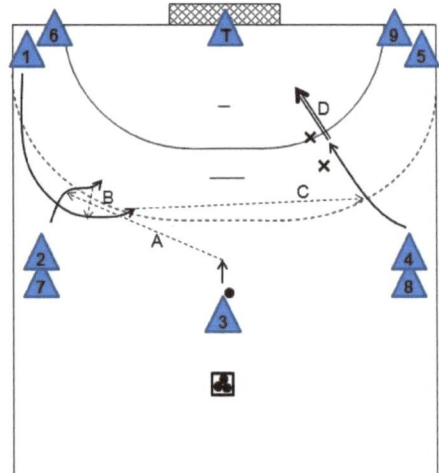

- ▲1 macht mit Ball noch max. 3 Schritte und wirft bei ca. 9 Metern aus dem Sprungwurf auf das Tor (C)

- Danach tauschen ▲1 und ▲2 die Positionen

- ▲3 stößt wieder an und spielt (D) den Ball zu ▲4. Der Ablauf wiederholt sich auf der anderen Seite

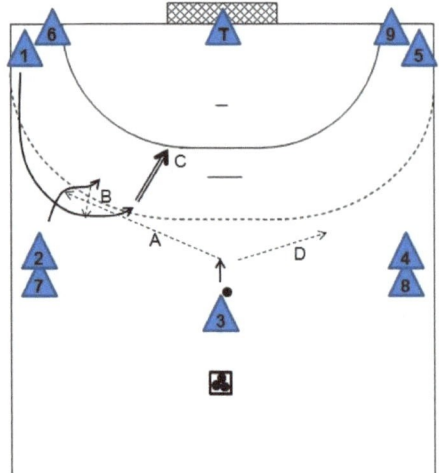

Variation:

- Block stellen für den werfenden Außenspieler (▲1)

⚠ Nach einigen Pässen den Anspieler in der Mitte austauschen

Ablauf 2:

- ▲3 stößt an und spielt (A) den Ball zu ▲2. Danach zieht er sich wieder auf seine Ausgangsposition zurück

- ▲2 stößt dynamisch Richtung Tor

- ▲1 kommt im Bogen angelaufen, kreuzt (B) hinter ▲2 und bekommt den Ball gespielt

- ▲1 zieht mit dem Ball Richtung 7 Meter Linie und passt (C) ▲4, der dynamisch anläuft, den Ball in den Lauf

- ▲4 stößt Richtung Tor und wirft (D) aus vollem Lauf zwischen 6 und 7 Meter

- Danach tauschen ▲1 und ▲2 die Positionen

- ▲3 stößt wieder an und spielt den Ball zu ▲8. Der Ablauf wiederholt sich auf der anderen Seite

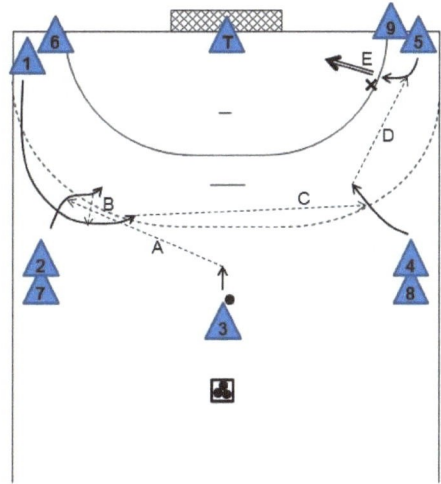

⚠ Der Pass von ▲1 zu ▲4 muss gerade und fest erfolgen (keine Bogenlampe)

Ablauf 3:

- ▲3 stößt an und spielt (A) den Ball zu ▲2. Danach zieht er sich wieder auf seine Ausgangsposition zurück

- ▲2 stößt dynamisch Richtung Tor

- ▲1 kommt im Bogen angelaufen, kreuzt (B) hinter ▲2 und bekommt den Ball gespielt

  ▲1 zieht mit dem Ball Richtung 7 Meter Linie und passt (C) ▲4, der dynamisch anläuft, den Ball in den Lauf

- ▲4 stößt Richtung Tor und spielt einen Bodenpass (D) zu ▲5, der von außen wirft (E)

- Danach tauschen ▲1 und ▲2 die Positionen

- ▲3 stößt wieder an und spielt den Ball zu ▲8. Der Ablauf wiederholt sich auf der anderen Seite

Nr. 43	Würfe von allen Positionen mit Abwehr	12	★★
Benötigt:	4 Hütchen, Ballkiste mit ausreichend Bällen		

Aufbau:

- Mit den Hütchen die Laufwege auf der Außenposition markieren

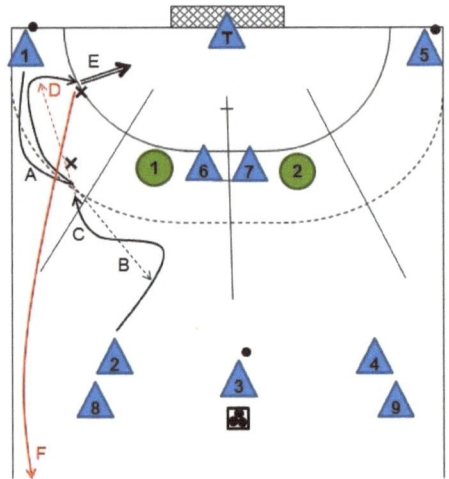

Grundablauf:

- Die einzelnen Würfe werden zeitlich dicht aufeinander ausgeführt
- Je ein Abwehrspieler je Mittelsektor (am besten einen Rückraumspieler/Kreisläufer, die sich regelmäßig abwechseln)
- Es werfen immer alle Spieler auf einer Position, in folgender Reihenfolge: LA, Kreis links, Kreis rechts, RL, RR, RA
- Die Kreisläufer sollen den Ablauf jeweils auf beiden Seiten durchführen

Ablauf auf Außen:

- ▲1 stößt von außen im Bogen an (A) und spielt ▲2 den Ball in die Stoßbewegung nach innen (B)
- ▲2 geht in die Wurfauslage (Wurftäuschung) und prellt danach dynamisch nach außen weg (C)

  ⚠ darauf achten, dass ▲2 den Ball so gespielt bekommt, dass er vor der Wurftäuschung nicht prellen muss
- ▲2 passt ▲1 den Ball wieder in den Lauf (D), der sich nach seinem Auftaktpass sofort wieder nach außen zurückgezogen hat
- ▲1 schließt mit Wurf ab (E) und geht danach direkt in den Konter und bekommt von ▲T den Ball in den Lauf gespielt und schließt auf dem anderen Tor mit Wurf ab (F)
- Danach startet der nächste Spieler auf LA mit dem gleichen Ablauf

Ablauf auf RL für den Kreisläufer:

- **2** bekommt den Ball von **3** in die Laufbewegung gespielt (H)
- **1** soll dieser Laufbewegung deutlich entgegentreten (G)
- **2** soll so weit nach vorne laufen, bis er **1** fast erreicht hat und den Ball dann irgendwo am Körper von **1** vorbei an den Kreis spielen (J)
- **6** löst sich von seiner Startposition in der Nähe der 7-Meter-Linie, nimmt den Ball auf und schließt mit Wurf ab (K)
- Danach wiederholt sich der Ablauf auf dieser Seite mit **7**

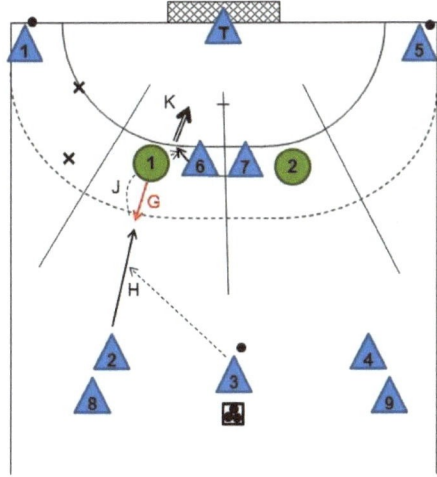

Ablauf auf RL für die Rückraum-spieler:

- **2** stößt dynamisch nach links (M) und bekommt den Ball in die Laufbewegung gespielt (L)
- **1** soll der Bewegung von **2** deutlich entgegentreten (N)
- **2** geht in die deutliche Wurf-auslage (Wurftäuschung) (M)
- **6** läuft von seiner Ausgangs-position am 7-Meter mit **1** nach vorne und stellt eine Sperre nach innen (O)
- **2** läuft dynamisch (prellt) nach innen um die Sperrstellung von **6**, geht danach Richtung Tor (P) und wirft bei 9-Metern aus dem Sprungwurf heraus auf das Tor (Q)
- Danach ist der nächste Rückraumspieler an der Reihe, jeder Spieler soll den Ablauf zweimal absolvieren (zwei Würfe)

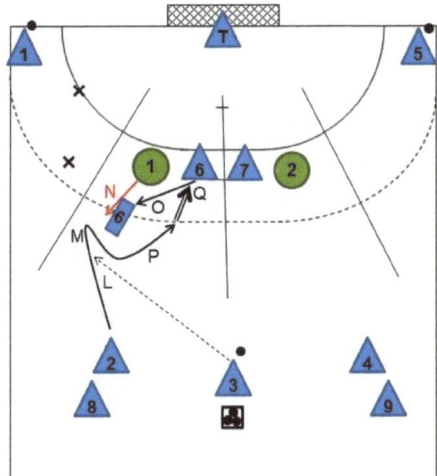

Danach wiederholt sich der Ablauf auf der rechten Seite

⚠ Die einzelnen Abläufe sollen zügig und ohne Pause dazwischen erfolgen, so dass keine lange Wartezeit für die Spieler entsteht

Nr. 44	Würfe mit anschließendem Gegenstoß 1gg1	8	★★
Benötigt:	4 Hütchen, 2 Ballkisten mit ausreichend Bällen		

Aufbau:

- Mit Hütchen zwei Linien markieren
- Die Spieler werden jeweils von 1 bis 3 durchnummeriert

Ablauf:

- **1**, **2** und **3** starten gleichzeitig mit dynamischen Vorwärts- und Rückwärtsbewegungen zwischen den beiden mit Hütchen markierten Linien (A)

- In diese Bewegung ruft **T** eine Zahl (hier im Beispiel „1")

- **1** startet sofort Richtung Tor, bekommt von **T** den Ball in den Lauf gespielt (B) und schließt mit Wurf ab (C)

- Mit der Zahlenansage von **T** starten die beiden anderen Spieler (hier **2** und **3**), sprinten zum 6 Meterkreis, stellen einen Fuß darauf und starten sofort in den Konter (D)

- Nach dem Wurf von **1** läuft **T1** sofort zur Ballkiste, holt sich einen Ball (E) und leitet den Konter ein. Er muss vor seinem Pass allerdings deutlich zur Seite laufen (F), um einen diagonalen Pass werfen zu können (G)

- **T1** darf sich aussuchen, wem er den Ball spielt (hier **2**), der andere Spieler wird zum Abwehrspieler und versucht, den Konter zu verhindern (H). Kann er den Ball abfangen, kann er selbst versuchen, ein Tor zu erzielen

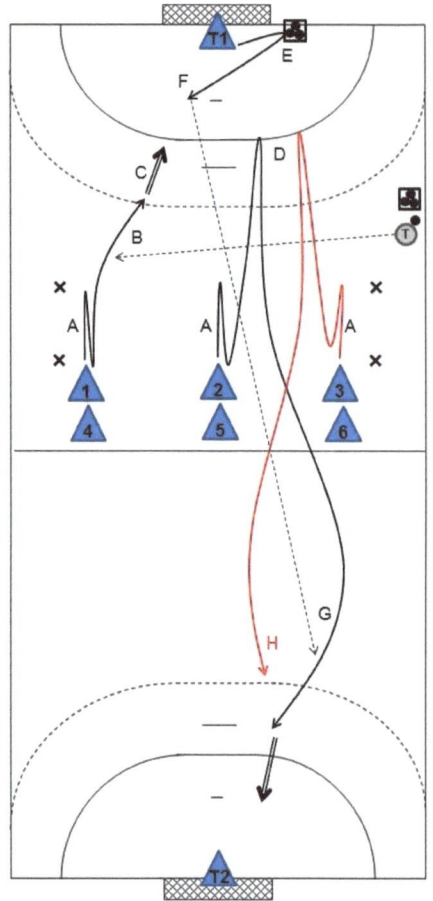

⚠ alle Laufbewegungen sollen in höchstem Tempo durchgeführt werden

⚠ auf kurze Reaktionszeiten der Spieler achten

Nr. 45	Zwei Würfe über den Block mit anschließendem Gegenstoß	10	★★
Benötigt:	Ballkiste mit ausreichend Bällen		

Ablauf:

- **1** passt den Ball zum Torhüter (A), läuft in den Gegenstoß (B) und bekommt von **T2** den Ball gepasst (C)

- **2** läuft von der Mittellinie an (D), bekommt von **1** den Ball in den Lauf (E) und wirft über den defensiven Block von **1** (F)

- **1** hat nach dem Pass kurz verzögert, nimmt jetzt wieder Tempo auf (G), bekommt von **4** den Ball in den Lauf (H) und wirft über den defensiven Block von **2** (J)

- Beim Wurf von **1** (J), startet **1** in den Konter (K).

- **T1** sichert den geworfenen Ball und passt ihn **1** in den Lauf (L), **1** schließt mit Wurf ab (M).

- **2** rutscht nach seinem Block auf die Position von **1**, **2** wird neuer Blockspieler und nimmt die Position von **2** ein, **1** stellt sich mit Ball auf der Mitte hinter **6** an und **1** stellt sich mit Ball hinter **5** an, usw.

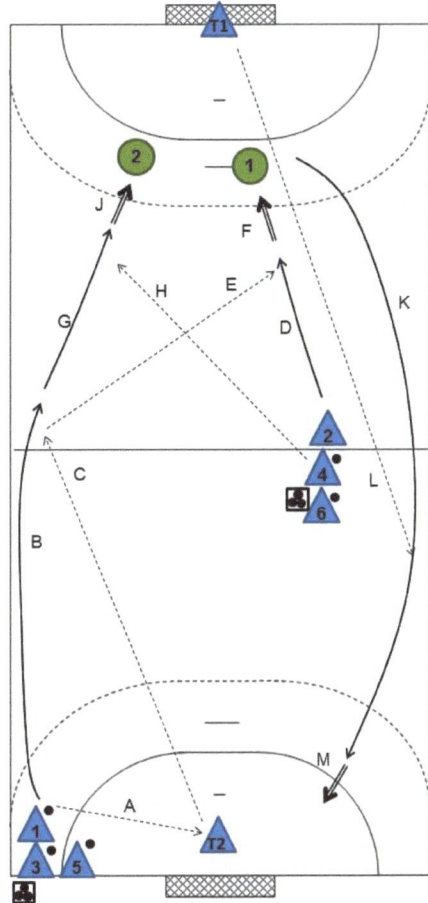

Variation:

- Gegen **1** wird eine 1gg1-Aktion anstatt dem Wurf über den Block gespielt

⚠ Die Spieler sollen im Gegenstoß einen Bogen laufen, um den Pass optimal fangen zu können

⚠ Die Blockspieler sollen beim zweiten Wurf sofort in den Konter starten

⚠ Nach einiger Zeit die Seite wechseln

Nr. 46	Würfe in der ersten Welle mit Vorübung	5	★★
Benötigt:	2 dünne Turnmatten, 2 Hütchen, Ballkiste mit ausreichend Bällen		

Aufbau:

- Zwei Matten an der Mittellinie auslegen, links und rechts davon je ein Hütchen am 9-Meter aufstellen.

Ablauf:

- Die beiden Tore werden mit „NORD" beziehungsweise „SÜD" bezeichnet

- ▲1 und ▲2 starten auf der Turnmatte mit Hampelmann-sprüngen und passen sich dabei einen Ball (A)

- Nach einigen Pässen gibt der Trainer das Kommando „NORD" oder „SÜD" (im Beispiel „NORD")

- Der Ballhalter (hier ▲1) startet sofort nach dem Kommando mit dem Ball auf das genannte Tor (B) und schließt mit Wurf ab (C)

- Der andere Spieler (▲2) umläuft das Hütchen auf der anderen Seite (D) und startet dann in den Konter auf das genannte Tor (E)

- Inzwischen spielt ▲3 dem Torhüter im nicht genannten Tor (T2) den Ball (F)

- T2 stellt sich in eine optimale Position (G) für den diagonalen Pass und passt ▲2 den Ball in den Lauf (H), der mit Wurf abschließt (J)

- Sofort nach dem Kommando des Trainers starten die nächsten beiden Spieler auf den Matten.

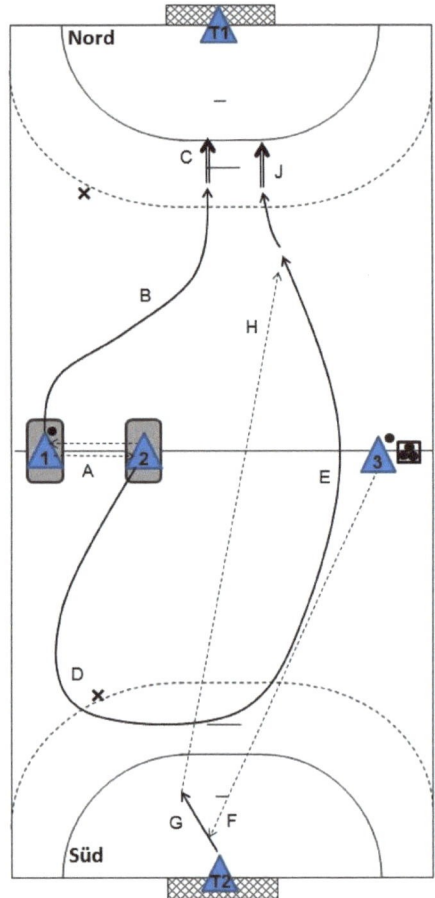

⚠ Die Spieler sollen sofort nach dem Kommando umschalten und in die richtige Richtung starten

⚠ ▲3 nach 3-5 Pässen austauschen

Nr. 47	Wurfserie mit offenen Situationen	9	★★★
Benötigt:	4 Hütchen, ausreichend Bälle		

Aufbau:
- Hütchen wie im Bild aufstellen

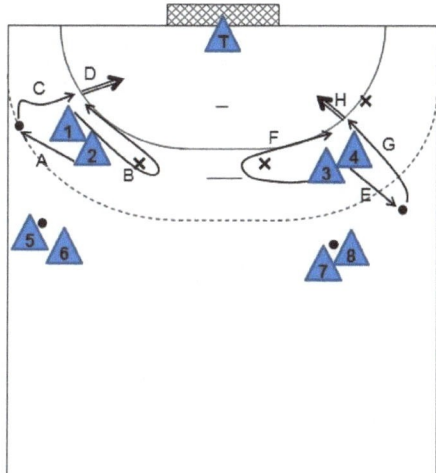

Ablauf:
- Die Übung erfolgt im Wechsel von links außen und auf dem rechten Rückraum. Nach einigen Runden die Seiten wechseln (rechts außen und linker Rückraum)
- Die Spieler bilden 2er- Paare (diese wechseln in jedem Durchgang)
- Das erste 2er- Paar legt den Ball auf der Außenposition am 9 Meter aus. Die Spieler stellen sich einander gegenüber auf ca 7m auf und halten sich leicht an den Händen. Ein Spieler bekommt die Farbe „schwarz", der andere Spieler „weiß" zugeordnet.
- Der Trainer ruft als Kommando „schwarz" oder „weiß"
- Der genannte Spieler (hier ②) läuft zum Ball (A), nimmt diesen auf und startet in Richtung Tor (C).
- Der andere Spieler (①) umläuft das Hütchen (B) und behindert den ersten Spieler dann leicht beim Wurf (D)
- Inzwischen hat das erste 2er-Paar auf Rückraum rechts den Ball außerhalb 9-Meter ausgelegt und die Zuordnung „schwarz" und „weiß" getroffen.
- Der Trainer ruft wieder „schwarz" oder „weiß", der genannte Spieler (④) holt den Ball (E) und zieht in Richtung Tor (G) und wirft (H). Der andere Spieler (③) umläuft die Stange (F), begrenzt den Durchbruchsraum für den Angreifer und hindert ihn leicht am Wurf.
- Dann startet das nächste 2er-Paar auf links außen usw.

⚠ Die Spieler sollen trotz Zeitdruck und Bedrängnis durch den Abwehrspieler in vollem Tempo in Richtung Tor ziehen, abspringen und konzentriert werfen.

Variation:
Anstatt „schwarz" oder „weiß" ruft der Trainer einen Begriff, der mit der Farbe assoziiert wird (z. Bsp. Milch, Wolke, Kohle, Nacht...)

Nr. 48	Wurfserie mit Koordination und Pässen	8	★★★
Benötigt:	1 Koordinationsleiter, 2 Hütchen, Ballkiste mit ausreichend Bällen		

Aufbau:

- Koordinationsleiter auslegen und mit Hütchen den Laufweg markieren (s. Bild)

Ablauf:

- ▲1 startet ohne Ball und durchläuft die Koordinationsleiter mit einem Doppelkontakt je Zwischenraum (li. und re. Fuß) (A)

- Während ▲1 die Koordinationsleiter durchläuft, bekommt er von Ⓣ einen Ball gespielt (B) und passt ihn wieder zurück zu Ⓣ (C)

- Nach der Koordinationsleiter sprintet ▲1 bis zum Hütchen, umläuft es (D), sprintet zum hinteren Hütchen und bekommt dabei wieder von Ⓣ einen Ball gespielt (E) und passt ihn wieder zurück (F)

- ▲1 umläuft das zweite Hütchen (G), sprintet Richtung Tor (J), bekommt von Ⓣ den Ball gespielt (H) und wirft auf das Tor (K)

- Nach dem Wurf (K) geht ▲1 sofort in die Gegenbewegung (L) und bekommt von Ⓣ einen neuen Ball gespielt (M)

- Nach der Mittellinie passt ▲1 den Ball zu ▲2, bekommt ihn sofort wieder zurück (N) und wirft zum Abschluss auf das Tor (O)

- ▲2 stellt sich dann hinter ▲4 an und wird durch ▲1 ersetzt (P)

- Nach dem letzten Pass von Ⓣ zu ▲1 (M), startet ▲3 mit dem gleichen Ablauf, usw.

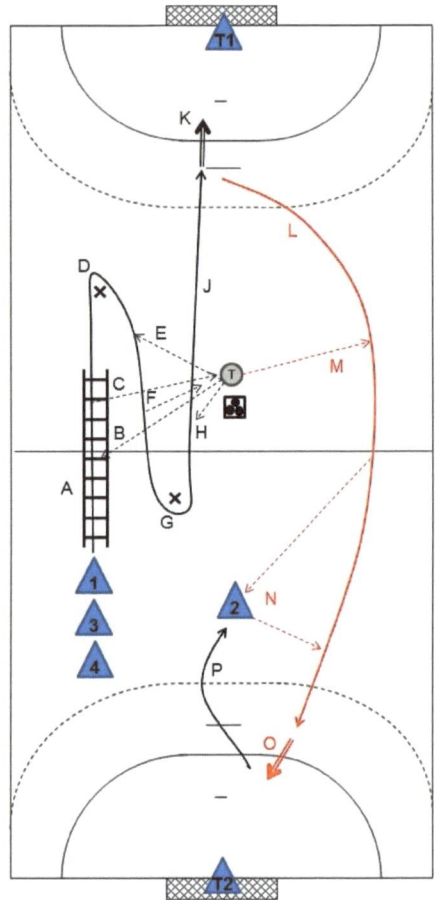

⚠ ▲1 soll die Richtungswechsel schnell und dynamisch ausführen

⚠ ▲1 soll den Ball nach der Passaufnahme, sofort wieder zurück passen

Nr. 49	Wurfserie mit Athletik und Abwehr	9	★★★
Benötigt:	2 Turnbänke, 4 Hütchen, Ballkiste mit ausreichend Bällen		

Aufbau:

- Bänke und Hütchen wie im Bild aufstellen

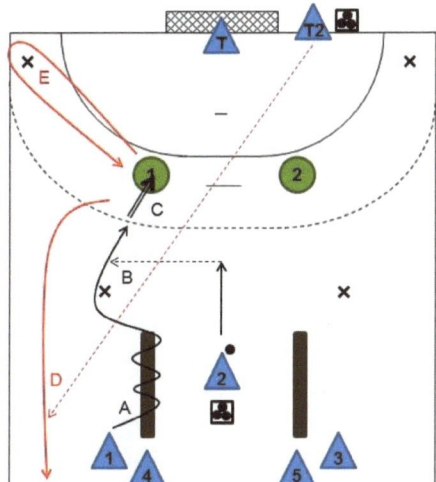

Grundablauf:

- Die drei Spieler jeder Seite wechseln sich mit dem Ablauf ab

- **1** und **2** werden nach drei Abwehraktionen getauscht

Ablauf:

- 🔺 startet den Ablauf und springt immer einbeinig über die Bank (A) (rechts mit dem rechten Fuß landen und wieder abspringen - links auf dem linken Fuß landen und wieder abspringen – usw.)

- Nach den Sprüngen über die Bank läuft 🔺 nach links weg und bekommt vom mitstoßenden 🔺 den Ball in den Lauf gespielt (B)

- 🔺 wirft aus dem Sprungwurf über den defensiv stehenden **1** (C)

- Danach startet 🔺 sofort in den Konter, bekommt vom 2. Torhüter (Trainer) den Ball in den Lauf gespielt und schließt auf dem anderen Tor mit Torwurf ab (D)

- Nach dem defensiven Wurfblock umläuft **1** das Hütchen und wartet danach auf den nächsten Wurf (E)

Wiederholungen:

- Jeder Spieler macht den Ablauf (Wurf plus Konter) 10mal und zählt dabei seine Tore. Welcher Werfer (welche Seite) macht bei den 10 Abläufen die meisten Tore. Für die Verlierer vorher eine Aufgabe definieren

Nr. 50	Wurfserie 4mal 1gg1	10	★★★
Benötigt:	3 Hütchen, jeder Spiele mit einem Ball		

Ablauf:

- ▲1, ▲2, ▲3 und ▲4 starten alle gleichzeitig in den Konter (A)
- Die Torhüter entscheiden mit ihrem Pass, wer zum Angreifer (hier: ▲1 und ▲3) und wer zum Abwehrspieler (hier: ▲2 und ▲4) wird (B)
- Die Angreifer versuchen, durch eine 1:1 Aktion zum Abschluss zu kommen. Gelingt es dem Abwehrspieler, den Ball zu erobern, darf er (auf das gleiche Tor) mit Torwurf abschließen

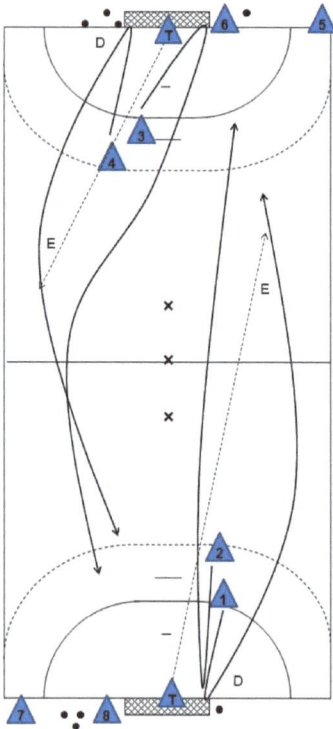

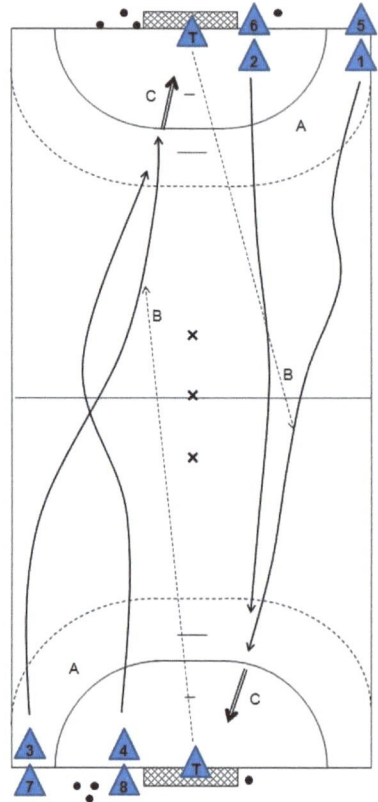

- Danach sprinten die Spieler zum Torpfosten, berühren ihn und starten in den 2. Konter (D)
- Der Torhüter entscheidet wieder, welchem Spieler er den Ball spielt (E) Der Ablauf wiederholt sich dann auf der anderen Seite
- Danach sind sie nächsten vier Spieler an der Reihe

⚠ Der Torhüter soll das Anspiel zum Spieler variieren, einmal den vorderen, einmal den hinteren Spieler anspielen; entweder einen schnellen kurzen oder einen langen weiten Pass

Kategorie: Wurfwettkämpfe

Nr. 51	Wurfwettkampf mit Memory	9	★
Benötigt:	1 großer Turnkasten, 4 Hütchen, 1 Memory, Ballkiste mit ausreichend Bällen		

Aufbau:
- Einen großen Kasten in der Mitte aufstellen und die Karten eines Memoryspiels (8-10 Paare) verdeckt darauf verteilen.
- Zwei Mannschaften bilden

Ablauf 1: Obere Spielhälfte
- Die Spieler der ersten Mannschaft stellen sich in der Mitte in einer Reihe auf, alle Spieler mit Ball, der hinterste Spieler ohne Ball.

- 4 startet als hinterster Spieler ohne Ball, umläuft das Hütchen nahe der Mittellinie (A), startet dann in schnellem Sprint Richtung Tor und bekommt von 3 den Ball in den Lauf gespielt (B).

- 4 wirft von links außen (C)

- Dann startet 3 mit dem gleichen Ablauf, der Ball wird von 2 gepasst.

- 4 stellt sich bei 1 wieder an und nimmt sich einen Ball aus der Ballkiste

- Wenn alle Spieler einmal links geworfen haben, wird der Ablauf im nächsten Durchgang nach rechts ausgeführt, dann wieder links usw.

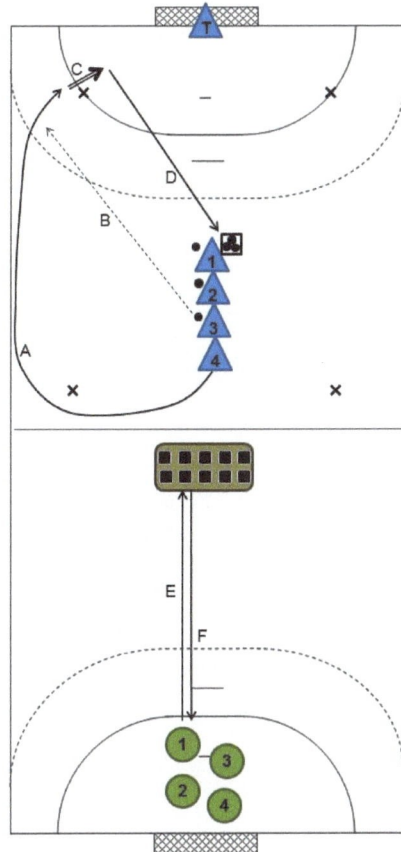

Ablauf 2: untere Spielhälfte
- Die zweite Mannschaft startet im 6-Meter Raum

- 1 läuft zum Kasten und deckt zwei Karten des Memorys auf.(E)

- Zeigen die Karten das gleiche Bild, nimmt 1 sie mit zur Gruppe, sind die Karten unterschiedlich, dreht 1 sie wieder um und läuft ohne Karten zurück (F)

- 1 klatscht den nächsten Spieler ab, der den Ablauf wiederholt usw.

Gesamtablauf:
- Die Mannschaft in der oberen Spielhälfte darf solange werfen, bis die zweite Mannschaft das Memory gelöst hat.
- Dann werden die Aufgaben getauscht
- Welche Mannschaft erzielt mehr Tore?

⚠ Beim Memory sollen die Spieler sich absprechen, um gemeinsam schneller zu einer Lösung zu kommen

Nr. 52	Wurfwettkampf auf Medizinbälle	6	⭐
Benötigt:	4 Hütchen, 5 Medizinbälle, jeder Spieler einen ball		

Aufbau:
- Es werden mit Hütchen zwei Linien markiert (oder vorhandene Linien definiert)
- Die Spieler werden in zwei Mannschaften aufgeteilt, jeder Spieler mit einem Ball
- Die Mannschaften stellen sich hinter den Linien auf (jede Mannschaft auf einer Seite)
- Zwischen den beiden definierten Linien werden in der Mitte Medizinbälle ausgelegt

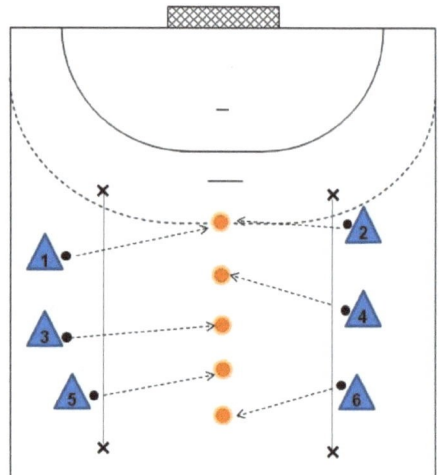

Ablauf:
- Auf Signal starten beide Mannschaften und versuchen, durch gezielte Würfe auf die Medizinbälle, diese über die gegnerische Linie zu treiben
- Alle Spieler dürfen gleichzeitig auf beliebige Medizinbälle werfen
- Hat ein Medizinball mit gesamtem Umfang eine der Linien überrollt, darf er nicht mehr abgeworfen werden
- Welche Mannschaft hat es am Ende geschafft, mehr Medizinbälle ins Feld der Gegner zu treiben?

⚠ Den Abstand der Linien und damit den Abstand zu den Medizinbällen entsprechend dem Leistungsvermögen der Spieler variieren

Nr. 53	Wurf-Würfel-Wettkampf	7	⭐
Benötigt:	6 normale Hütchen, 6 farbige Hütchen, 1 Schaumstoffwürfel, 1 Ball		

Aufbau:

- Mit vier Hütchen drei Wurfzonen markieren und mit den Ziffern 1, 2 und 3 benennen
- Zwei Mannschaften bilden. Je Mannschaft drei verschieden farbige Hütchen nebeneinander und ein weiteres Hütchen an der Mittellinie aufstellen (s. Bild)
- Einen Würfel an der Mittellinie und einen Ball in der Mitte auslegen

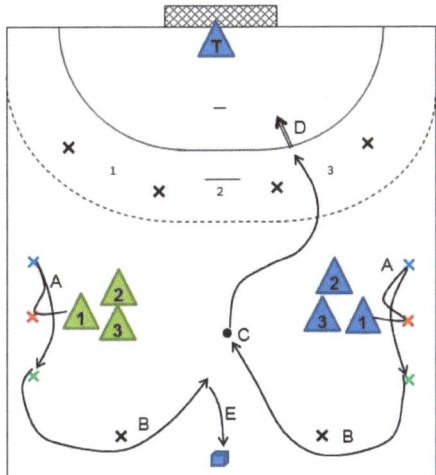

Ablauf:

- Der Trainer ruft nacheinander mehrere Hütchenfarben (im Bild rot, blau, grün)
- 🔺 und 🟢 laufen mit Blick nach außen zu den genannten Hütchen und berühren diese in der genannten Reihenfolge mit der Hand (A)
- Nach einigen Farben nennt der Trainer eine Zahl 1, 2, oder 3
- Das ist das Kommando für 🔺 und 🟢, um das hintere Hütchen zu laufen (B) und dann zu versuchen, einen in der Mitte ausgelegten Ball zu erlaufen (C). Im Bild gelingt dies 🔺
- Der Spieler, der den Ball erkämpft (🔺), läuft durch den genannten Korridor (im Beispiel 3) und wirft (D)
- Der andere Spieler (🟢), läuft zum Würfel und würfelt einmal.
- Trifft 🔺, bekommt er die gewürfelte Anzahl an Punkten, verwirft 🔺, bekommt die andere Mannschaft die Punkte
- Danach wird ein neuer Ball ausgelegt und die nächsten beiden Spieler starten
- Welche Mannschaft hat am Ende mehr Punkte?

⚠️ Die Spieler sollen die Hütchen schnell anlaufen, aber auf die genannte Zahl sofort reagieren und in den zweiten Ablauf starten

Nr. 54	Wurfwettkampf mit Zeitvorgabe durch die andere Gruppe 1	9	☆
Benötigt:	6 Stangen, 2 dünne Turnmatten, 10 Hütchen, 1 Turnbank, Ballkiste mit ausreichend Bällen		

Aufbau:

- Stangen, Turnmatten, Turnbank und Hütchen wie im Bild aufstellen

Ablauf Team 1:

- ▲3 läuft im Bogen von außen um die Stange an, bekommt von ▲1 den Ball in den Lauf gespielt (A) und wirft (B)
- Dann erfolgt der Ablauf auf der anderen Seite (C und D)
- Die Außenspieler wechseln nach dem Wurf (B und D) auf die Anspielstationen, die Anspieler wechseln nach dem Pass (A und C) auf die Außenpositionen.

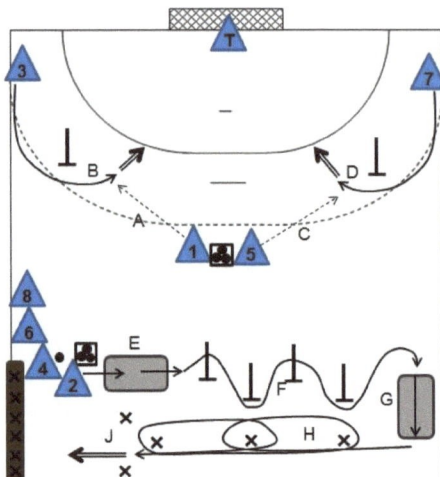

Ablauf Team 2:

- ▲2 startet mit Ball und macht auf der Matte 10 schnelle Hampelmannbewegungen (E)

- Anschließend umläuft ▲2 die Stangen mit schnellen Sidesteps, wobei er den Ball über Kopf hält (F)

- ▲2 macht eine Rolle auf der Matte (G)

- Anschließend läuft ▲2 um das zweite Hütchen, zurück um das erste, dann um das dritte Hütchen, zurück um das zweite und wieder zum dritten (H) . Der Ball wird dabei geprellt.

- ▲2 wirft zwischen den beiden Hütchen und versucht, eines der Hütchen auf der Bank abzuwerfen (J).

- Wenn ▲2 die Rolle auf der Matte macht (G), beginnt ▲4 mit dem Ablauf

- ▲2 stellt sich nach dem Wurf wieder an

Gesamtablauf:

- Team 2 wiederholt den Ablauf, bis alle Hütchen auf der Bank abgeworfen wurden. So lange hat Team 1 Zeit, Tore zu erzielen.
- Danach werden die Aufgaben getauscht
- Welches Team wirft mehr Tore?

Variation für den Gesamtablauf:

- Es wird mit einer Zeitvorgabe gespielt (z. Bsp.: 10 Minuten). Team 1 bekommt einen Punkt für jedes Tor, Team2 für jedes abgeworfene Hütchen (Hütchen immer wieder aufstellen)
- Danach werden die Aufgaben getauscht und im anderen Ablauf Punkte gesammelt.

Welches Team erreicht mehr Punkte?

Nr. 55	Wurfwettkampf mit Zeitvorgabe durch die andere Gruppe 2	9	★★
Benötigt:	2 Weichbodenmatten, 2 kleine Turnkisten, 1 Turnbank, 4 Hütchen, Ballkiste mit ausreichend Bällen		

Aufbau:

- Auf der oberen Hallenhälfte die Startpositionen mit Hütchen wie abgebildet markieren
- Auf der unteren Hallenhälfte zwei Weichbodenmatten, zwei kleine Turnkisten, eine Turnbank und zwei Hütchen wie im Bild aufstellen
- Zwei Mannschaften bilden

Ablauf Mannschaft 1 (oben):

- ▲2 prellt zum Hütchen (A) und passt den Ball zu ▲1 (B)
- ▲2 zieht ein Kreuzen an (C) und bekommt den Ball von ▲1 in den Lauf (D) gespielt
- ▲1 nimmt die Kreuzbewegung an (E), bekommt den Ball (F) gespielt und wirft (G) auf das Tor
- ▲2 zieht sich nach dem Kreuzen auf die Startposition von ▲1 zurück (H)
- Beim Wurf von ▲1 startet ▲3 prellend zum Hütchen und der Ablauf beginnt von vorne

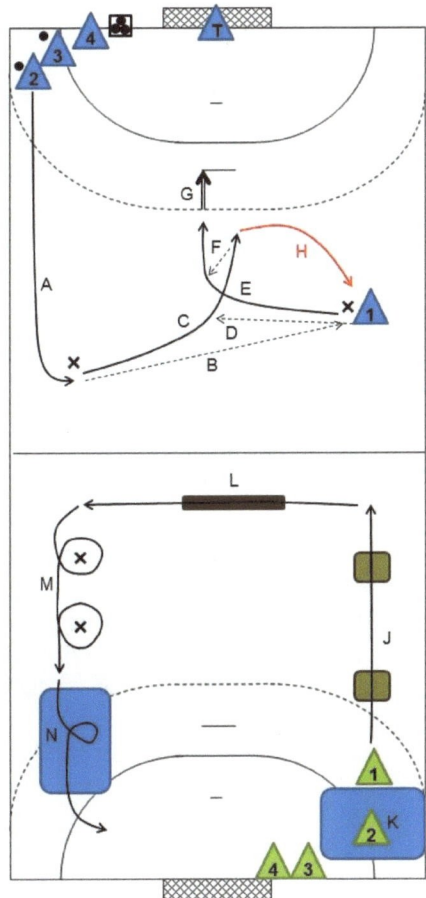

Ablauf Mannschaft 2 (unten):

- ▲1 startet und überläuft die beiden kleinen Turnkisten (Sprung beidbeinig auf die Kiste und herunterlaufen) (J)
- Dann läuft ▲1 zur Turnbank, legt sich auf den Bauch und zieht sich mit beiden Armen über die Bank (L)
- ▲1 umläuft die beiden Hütchen komplett und (M) und macht am Ende eine Rolle vorwärts auf der Weichbodenmatte (N)
- Während ▲1 in der Runde ist, macht ▲2 Hampelmannbewegungen auf der Weichbodenmatte (K)
- Sobald ▲1 den 6-Meter-Raum betritt, ist das das Startkommando für ▲2 (Laufrunde) und ▲3 (Hampelmann auf der Matte)

Gesamtablauf:

- Die Tore, die Mannschaft 1 erzielt, werden gezählt.
- Mannschaft 1 darf so lange Tore erzielen, bis alle Spieler von Mannschaft 2 sechs (10) mal die Runde absolviert haben
- Dann werden die Aufgaben getauscht

Welches Team erzielt mehr Tore?

Nr. 56	Würfe auf feste Ziele gegen Torwürfe	9	★★
Benötigt:	8 Hütchen, 2 kleine Turnkisten, 1 großer Turnkasten, Schaumstoffwürfel, 2 Ballkisten mit ausreichend Bällen		

Aufbau:

- Zwei Mannschaften bilden
- Mit Hütchen die Anlaufwege in Richtung Tor markieren
- Für die zweite Mannschaft ein Starthütchen aufstellen, die Abwurflinie markieren und zwei kleine Turnkisten mit Schaumstoffwürfeln (alternativ Medizinbällen) und einen großen Turnkasten mit Hütchen darauf aufstellen (s. Bild)

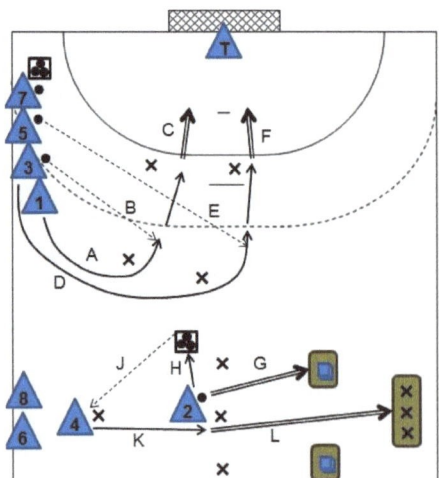

Ablauf Mannschaft 1:

- ▲1 startet ohne Ball im Bogen um das erste hintere Hütchen (A), bekommt nach dem Hütchen von ▲3 den Ball gepasst (B), geht in Richtung Tor und wirft (C)
- Nach dem Wurf startet ▲3, umläuft das zweite hintere Hütchen (D), bekommt von ▲5 den Pass in den Lauf (E) und wirft (F)
- Dann startet ▲5 mit dem gleichen Ablauf und bekommt den Pass von ▲7 (nicht im Bild)
- Die Spieler sollen sich so anstellen, dass sie abwechselnd werfen und passen und auch beim Laufen zum Tor abwechselnd einmal den kurzen und einmal den langen Weg nehmen

Ablauf Mannschaft 2:

- ▲2 startet an der Wurflinie und wirft auf eines der Ziele (G)
- Ein Treffer ergibt folgende Punkte:
  - o Wird der Würfel abgeworfen, erhält die Mannschaft die gezeigte Augenzahl nach dem Abwurf
  - o Wird ein Hütchen auf dem großen Kasten getroffen, bekommt die Mannschaft 5 Punkte
- Nach dem Wurf läuft ▲2 zur Ballkiste (H) und passt ▲4 einen Ball (J),
- ▲4 läuft zur Abwurflinie (K) und wirft (L)
- Usw.

Gesamtablauf:

- Mannschaft 2 darf so lange Punkte sammeln, bis Mannschaft 1 15 Tore erzielt hat
- Dann ist Aufgabenwechsel
- Welche Mannschaft hat am Ende mehr Punkte gesammelt?

⚠ Sollte kein Schaumstoffwürfel zur Verfügung stehen, kann statt dessen ein Hütchen oder ein Medizinball abgeworfen werden und nach einem Treffer darf die Mannschaft mit einem kleinen Würfel die Punkte auswürfeln

Nr. 57	Wurf-Biathlon	10	★★
Benötigt:	12 Hütchen, 10 Bälle		

Aufbau:

- Zwei Mannschaften bilden
- Je Mannschaft am 9 Meterraum fünf Bälle wie im Bild auslegen und Hütchen für Laufweg und Strafrunde aufstellen

Ablauf:

- Auf Kommando starten 1 und 1 gleichzeitig und Umlaufen das erste Hütchen (A)
- 1 und 1 laufen im Slalom um die drei Hütchen (B), laufen zum ersten Ball, nehmen ihn auf (C) und werfen (D)
- Danach laufen 1 und 1 wieder zurück zu den drei Hütchen (E), wiederholen den Slalom und holen den nächsten Ball
- Sie wiederholen den Ablauf so lange, bis alle Bälle geworfen sind
- Für jeden verworfenen Ball, müssen 1 und 1 danach noch eine Strafrunde um die beiden mittleren Hütchen absolvieren (F)
- Sobald alle Bälle geworfen wurden, legen 4 und 4 die Bälle wieder aus
- Nach der letzten Strafrunde darf der nächste Werfer starten
- 1 und 1 nehmen die Position von 4 bzw. 4 ein, 4 und 4 stellen sich bei den Werfern an
- Welches Team erzielt in der vorgegebenen Zeit die meisten Tore?

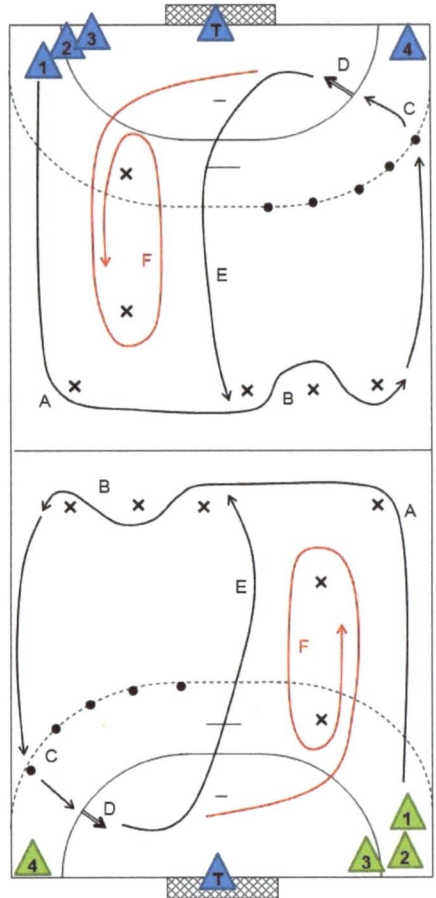

⚠ Die Mannschaften sollten nicht zu groß sein, damit die Wartezeit nicht so lange wird. Bei größeren Gruppen startet der wartende Spieler gleich nach dem letzten Wurf, die Strafrunden werden parallel absolviert.

Nr. 58	Gegenstoß-Wurfwettkampf	8	★★
Benötigt:	8 Hütchen, jeder Spieler mit einem Ball		

Ablauf:

- 1 und 4 starten gleichzeitig und prellen auf die andere Seite (A)
- Dort werfen sie zwischen den ersten beiden Hütchen auf das Tor (B)
- Erzielt der Spieler ein Tor (im Bild 1) , holt er seinen Ball, prellt zurück bis über die Mittellinie (C) und passt den Ball dem nächsten Spieler in seiner Gruppe (D)
- Erzielt der Spieler kein Tor (im Bild 4), holt er seinen Ball, prellt zur Mittellinie (E) und hat danach einen weiteren Versuch. Dieses Mal wirft er von der Mitte (F). Anschließend holt er wieder seinen Ball, prellt zur Mittellinie und passt zum nächsten Spieler seiner Gruppe (auch, wenn er im zweiten Versuch wieder nicht getroffen hat).
- Sobald der Ball zum nächsten Spieler gepasst wurde, startet dieser mit dem Ablauf.

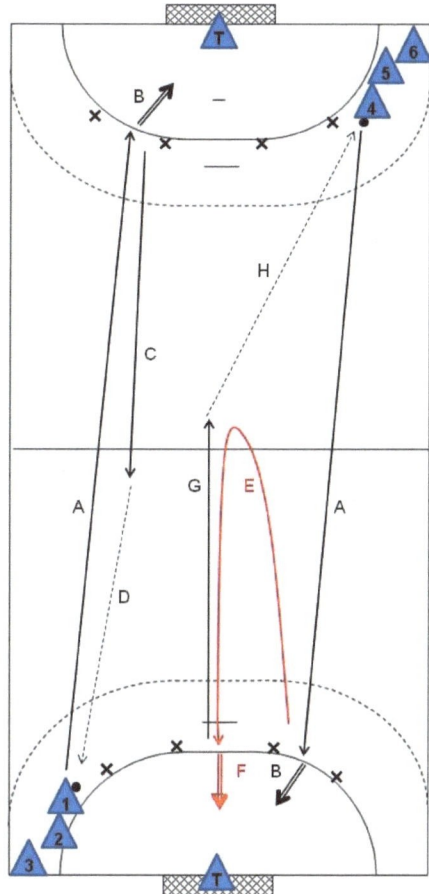

Wettkampf:
- Die Tore jeder Mannschaft werden gezählt. Wer schafft in der vorgegebenen Zeit mehr Treffer?

⚠ Die Spieler sollen nach dem Werfen sofort wieder den Ball holen und entweder zum zweiten Wurfversuch starten oder den Ball zum nächsten Spieler passen

⚠ Eventuell nach der Hälfte der Spielzeit die Torhüter tauschen

⚠ Bei einer kleinen Gruppe eventuell einen dritten Wurfversuch zwischen dem dritten und vierten Hütchen zulassen, bevor der Ball zum nächsten Spieler gepasst wird.

Nr. 59	Wurfwettkampf mit Ausdauerschwerpunkt	8	★★★
Benötigt:	6 Hütchen, ausreichend Bälle		

Aufbau:
- Hütchen wie im Bild aufstellen

Grundablauf:
- Zwei Mannschaften bilden
- Zwei Spieler (immer ein Spieler jeder Mannschaft) absolvieren den Ablauf
- Alle anderen Spieler laufen im lockeren Lauf in der Mitte um die beiden Hütchentore (A)

Ablauf:
- ▲1 und ▲2 sich stellen auf die Außenposition und starten gleichzeitig in den Konter
- Die Torhüter spielen ihnen einen langen Pass (B)
- ▲1 und ▲2 schließen jeweils mit einem Wurf ab
- Nach dem Wurf sprinten sie sofort zum Tor und berühren einen Torpfosten (D)
- Danach starten sie in den zweiten Konter, bekommen vom Torhüter einen langen Pass in den Lauf gespielt (E) und schließen mit Torwurf ab (F)
- Der Spieler, der mehr Tore erzielt hat, bekommt für seine Mannschaft einen Punkt. Geht es unentschieden aus, bekommen beide einen Punkt
- ▲1 und ▲2 schließen sich dann den Läufern in der Mitte an und zwei neue Spieler beginnen mit dem gleichen Ablauf

- Jeder Spieler macht diesen Ablauf zwei Mal (2 * 2 Würfe = 4 Würfe), dann wird abgerechnet. Die Verlierermannschaft macht z.B. Liegestützen / Sit-Ups

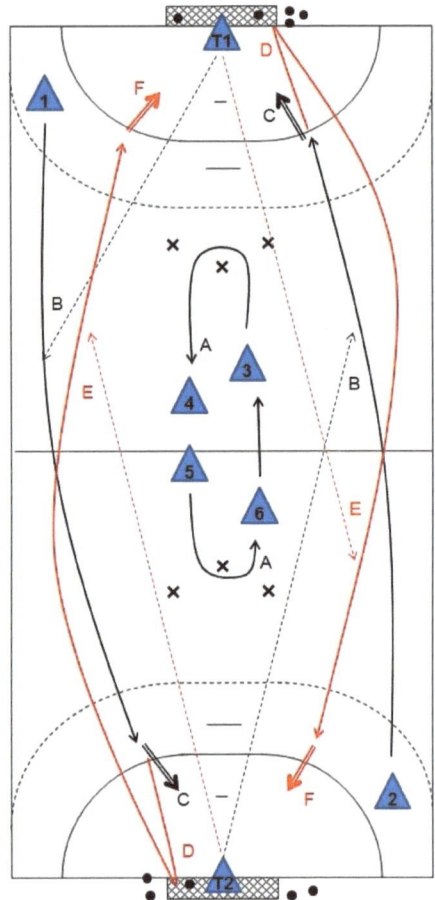

Nr. 60	Sprint-Wurf-Würfelstaffel	12	★★★
Benötigt:	6 Hütchen, 2 Würfel, 2 Ballkisten mit je zwei Bällen		

Aufbau:
- Zwei Mannschaften mit je einem Würfel und einer Ballkiste mit zwei Bällen bilden und wie abgebildet aufstellen

Ablauf:
- Auf Kommando beginnen beide Mannschaften gleichzeitig mit dem Ablauf
- 1 und 1 würfeln (A), laufen zur Ballkiste und holen sich einen Ball (B) und werfen ab der 9 Meterlinie auf das Tor (C)
- Haben sie eine gerade Zahl gewürfelt, werfen sie nur einmal. Haben sie eine ungerade Zahl gewürfelt, laufen sie zurück zur Ballkiste, holen sich einen zweiten Ball und werfen noch einmal auf das Tor
- Nach dem Wurf / den beiden Würfen, müssen die Spieler zuerst die geworfenen Bälle wieder in die Ballkiste legen
- Haben sie alles getroffen, laufen sie direkt um das Hütchen zurück und der nächste Spieler (F) beginnt mit dem gleichen Ablauf
- Für jeden nicht getroffenen Wurf, umläuft der Werfer einmal die beiden Hütchen (G) und sprintet danach zurück bis zum Hütchen (H)
- Bei welcher Mannschaft haben zuerst alle Spieler den Ablauf einmal (zweimal) absolviert

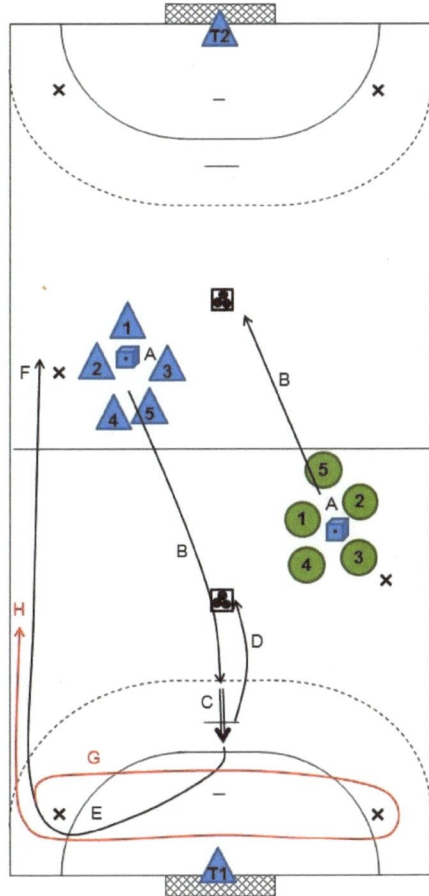

⚠ 1, 3 oder 5 gewürfelt = einmal werfen. 2, 4 oder 6 gewürfelt = zweimal werfen

⚠ Ein-/zweimal getroffen = direkt zurück laufen (F). Einmal verworfen = einmal um die Hütchen laufen (G). Zweimal verworfen = zweimal um die Hütchen laufen (G).

Anmerkung des Autors

1995 überredete mich ein Freund, mit ihm zusammen das Handballtraining einer männlichen D- Jugend zu übernehmen.

Dies war der Beginn meiner Trainertätigkeit. Daraufhin fand ich Gefallen an den Aufgaben eines Trainers und stellte stets hohe Anforderungen an die Art meiner Übungen. Bald reichte mir das Standardrepertoire nicht mehr aus und ich begann, Übungen zu modifizieren und mir eigene Übungen zu überlegen.

Heute trainiere ich mehrere Jugend- und Aktivmannschaften in einem breit gefächerten Leistungsspektrum und richte meine Trainingseinheiten gezielt auf die jeweilige Mannschaft aus.

Seit einigen Jahren vertreibe ich die Übungen über meinen Onlineshop handball-uebungen.de. Da die Tendenz im Handballtraining, vor allem im Jugendbereich, immer mehr in Richtung einer allgemeinen sportlichen Ausbildung mit koordinativen Schwerpunkten geht, eignen sich viele Spiele und Spielformen auch für andere Sportarten

Lassen Sie sich inspirieren von den verschiedenen Spielideen und bringen Sie auch Ihre eigene Kreativität und Erfahrung ein

Eckpunkte meiner Trainerlaufbahn
- seit Juli 2012: Inhaber der DHB A-Lizenz
- seit November 2011: Buch Autor (handall-uebungen.de, Handball Praxis und Handball Praxis Spezial)
- 2008-2010: Jugendkoordinator und Jugendtrainer bei der SG Leutershausen
- seit 2006: B-Lizenz Trainer

Ihr
Jörg Madinger

Weitere Fachbücher des Verlags DV Concept

Von A wie Aufwärmen bis Z wie Zielspiel – 75 Übungsformen für jedes Handballtraining

Ein abwechslungsreiches Training erhöht die Motivation und bietet immer wieder neue Anreize, bekannte Bewegungsabläufe zu verbessern und zu präzisieren. In diesem Buch finden Sie Übungen zu allen Bereichen des Handballtrainings vom Aufwärmen über Torhüter einwerfen bis hin zu gängigen Inhalten des Hauptteils und Spielen zum Abschluss, die Sie in ihrem täglichen Training mit Ihrer Handballmannschaft inspirieren sollen. Alle Übungen sind bebildert und in der Ausführung leicht verständlich beschrieben. Spezielle Hinweise erläutern, worauf Sie achten müssen.

Insgesamt gliedert sich das Buch in die folgenden Themenschwerpunkte:

Erwärmung:
- Grunderwärmung
- Kleine Spiele zur Erwärmung
- Sprintwettkämpfe
- Koordination
- Ballgewöhnung
- Torhüter einwerfen

Grundübungen, Grund- und Zielspiele:
- Angriff / Wurfserien
- Angriff allgemein
- Schnelle Mitte
- 1. und 2. Welle
- Abwehraktionen
- Abschlussspiele
- Ausdauer

Am Ende finden Sie dann noch eine komplette methodisch ausgearbeitete Trainingseinheit. Ziel der Trainingseinheit ist das Verbessern des Wurfs und der Wurfentscheidung unter Druck.

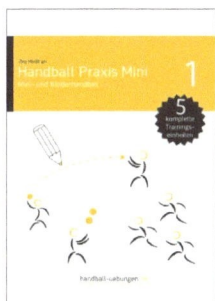

Mini- und Kinderhandball (5 Trainingseinheiten)

Mini- bzw. Kinderhandball unterscheidet sich grundlegend vom Training höherer Altersklassen und erst recht vom Handball in Leistungsbereichen. Bei diesem ersten Kontakt mit der Sportart „Handball" sollen die Kinder an den Umgang mit dem Ball herangeführt werden. Es soll der Spaß an der Bewegung, am Sport treiben, am Spiel miteinander und auch am Wettkampf gegeneinander vermittelt werden.

Das vorliegende Buch führt zunächst kurz in das Thema und die Besonderheiten des Mini- und Kinderhandballs ein und zeigt dabei an einigen Beispielübungen Möglichkeiten auf, das Training interessant und abwechslungsreich zu gestalten.

Im Anschluss folgen fünf komplette Trainingseinheiten in verschiedenen Schwierigkeitsgraden mit Hauptaugenmerk auf den Grundtechniken im Handball (Prellen, Passen, Fangen, Werfen, und Abwehren im Spiel gegeneinander). Hier wird spielerisch in die späteren handballspezifischen Grundlagen eingeführt, wobei auch die generelle Bewegungserfahrung und die Ausprägung von koordinativen Fähigkeiten besondere Beachtung findet.

Die Übungen sind leicht verständlich durch Text und Übungsbild erklärt und können in jedes Training direkt integriert werden. Durch verschiedene Variationen können die Trainingseinheiten im Schwierigkeitsgrad an die jeweilige Trainingsgruppe angepasst werden. Sie sollen auch Ideen bieten, die Übungen zu modifizieren und weiterzuentwickeln, um das Training immer wieder neu und abwechslungsreich zu gestalten.

Passen und Fangen in der Bewegung - 60 Übungsformen für jedes Handballtraining

Passen und Fangen sind zwei Grundtechniken im Handball, die im Training permanent trainiert und verbessert werden müssen. Die vorliegenden 60 praktischen Übungen bieten viele Varianten, um das Passen und Fangen anspruchsvoll und abwechslungsreich zu trainieren. Ein besonderer Fokus liegt dabei darauf, die Sicherheit beim Passen und Fangen auch in der Bewegung mit hoher Dynamik zu verbessern. Deshalb werden die Übungen mit immer neuen Laufwegen und spielnahen Bewegungen gekoppelt.

Die Übungen sind leicht verständlich in Text und Übungsbild erklärt und können in jedes Training direkt integriert werden. Durch verschiedene Schwierigkeitsgrade und Komplexitätsstufen kann für jede Altersstufe das Passen und Fangen passend gestaltet werden.

Effektives Einwerfen der Torhüter - 60 Übungsformen für jedes Handballtraining

Das Einwerfen der Torhüter ist in nahezu jedem Training notwendiger Bestandteil. Die vorliegenden 60 Übungen zum Einwerfen bieten hier verschiedene Ideen, um das Einwerfen sowohl für Torhüter als auch für die Feldspieler anspruchsvoll und abwechslungsreich zu gestalten. Ein besonderer Fokus liegt dabei darauf, schon beim Einwerfen die Dynamik der Spieler zu verbessern.

Die Übungen sind leicht verständlich durch Text und Übungsbild erklärt und können in jedes Training direkt integriert werden. Ob gekoppelt mit koordinativen Zusatzübungen oder vorbereitend für Inhalte des Hauptteils, kann für jedes Training und durch verschiedene Schwierigkeitsstufen für jede Altersstufe das Einwerfen passend gestaltet werden.

Weitere Handball Fachbücher und eBooks finden Sie unter
www.handball-uebungen.de

Wettkampfspiele für das tägliche Handballtraining - 60 Übungsformen für jede Altersstufe

Handball lebt von schnellen und richtig getroffenen Entscheidungen in jeder Spielsituation. Dies kann im Training spielerisch und abwechslungsreich durch handballnahe Spiele trainiert werden. Die vorliegenden 60 Übungsformen sind in sieben Kategorien unterteilt und schulen die Spielfähigkeit.

Folgende Kategorie beinhaltet das Buch
- Parteiball-Varianten
- Mannschaftsspiele auf verschiedene Ziele
- Fangspiele
- Sprint- und Staffelspiele
- Wurf- und Balltransportspiele
- Sportartübergreifende Spiele
- Komplexe Spielformen für das Abschlussspiel

Die Spiele sind leicht verständlich durch Text und Übungsbild erklärt und können in jedes Training direkt integriert werden. Durch verschiedene Schwierigkeitsstufen, zusätzliche Hinweise und Variationsmöglichkeiten, können sie für jede Altersstufe angepasst gestaltet werden.

Taschenbücher aus der Reihe Handball Praxis

Handball Praxis 1 - Handballspezifische Ausdauer (5 Trainingseinheiten)

Handball Praxis 2 - Grundbewegungen in der Abwehr (5 Trainingseinheiten)

Handball Praxis 3 - Erarbeiten von Auslösehandlungen und Weiterspielmöglichkeiten (5 Trainingseinheiten)

Handball Praxis 4 - Intensives Abwehrtraining im Handball (5 Trainingseinheiten)

Handball Praxis 5 - Abwehrsysteme erfolgreich überwinden (5 Trainingseinheiten)

Handball Praxis 6 - Grundlagentraining für E- und D- Jugendliche (5 Trainingseinheiten)

Handball Praxis 7 - Handballspezifisches Ausdauertraining im Stadion und in der Halle (5 Trainingseinheiten)

Handball Praxis 8 - Spielfähigkeit durch Training der Handlungsschnelligkeit (5 Trainingseinheiten)

Handball Praxis Spezial 1 - Schritt für Schritt zur 3-2-1 Abwehr (6 Trainingseinheiten)

Handball Praxis Spezial 2 - Schritt für Schritt zum erfolgreichen Angriffskonzept gegen eine 6-0 Abwehr (6 Trainingseinheiten)

www.ingramcontent.com/pod-product-compliance
Lightning Source LLC
Chambersburg PA
CBHW042129080426
42735CB00001B/13